내 운명의 답은
내 안에 있다

사주명리학의
길라잡이

내 운명의 답은
내 안에 있다

유민호 지음

나무와숲

사람은 누구나 미래를 궁금해한다. 하지만 사주명리학을 공부하지 않으면 그냥 궁금해할 뿐이다.

많은 사람들이 꿈을 이루기 위해 전문적인 공부를 하고, 많은 돈을 투자하여 사업을 하기도 한다. 그러나 오랜 시간 공부하고도 뜻한 바를 이루지 못하고, 많은 돈을 투자했음에도 사업에 실패하는 경우를 주변에서 흔히 볼 수 있다. 이는 능력이나 실력의 차이도 있겠지만 운이 따르지 않기 때문이다.

그런 점에서 생년·월·일·시, 즉 사주팔자 여덟 글자로 그 사람의 한평생을 읽어 내는 사주명리학은 매력적인 학문이 아닐 수 없다.

1990년 어느 날, 사주명리를 한 번도 접해 보지 않았던 나는 아내 손에 이끌려 가정사를 상담하기 위해 시골의 한 철학원을 방문했다. 선생님과 마주하고 생년월일을 이야기했더니, 처음 대하는 얼굴인데도 마치 나와 함께 살았던 것처럼 나의 과거를 훤히 들여다보듯 말씀하는 것이 아닌가. 온몸에 전율이 일며 감탄할 수밖에 없었다.

호기심이 많은 나는 상담의 목적도 잊어버리고 "선생님, 이런 공부는 어떻게 하면 됩니까?" 하고 물어 보았다. 그러자 "이 공부는 어렵고 난해한 공부이니 부질없는 생각 말고 당신은 공무원이고 관운도 좋으니 승진에 필요한 공부를 열심히 하는 게 좋을 것 같다"며 공부하는 방법을 알려주지 않았다.

그 후 독학으로 해보겠노라고 마음먹고 서점에 가서 무작정 몇십 권의 역학 서적을 사서 공부하기 시작했다. 처음엔 흥미롭고 재미있었지만 이내 회의를 느낄 수밖에 없었다. 수십 권의 책을 읽었지만 저자들마다 주장이 달라 진도가 좀체 나가지 않았던 것이다. 결국 5년여의 세월을 허비하고 말았다. 나중에 알게 된 사실이지만 역학 서적은 교과서처럼 검증하는 기관이 없어 검증 절차를 거치지 않고 발간되기에 중구난방이었던 것이다.

할 수 없이 나는 그 선생님을 다시 찾아뵙고 혼자 이만큼 공부했으며, 그 과정에서 너무 혼란스러워 이제 '정통'을 찾아 공부해야겠다며 공부법을 알려 달라고 매달렸다. 그러자 그렇게 만류했던 선생님은 "어허 사주에 호기심과 고집스러움, 그리고 편인偏印의 기운이 왕성하더니 드디어 해냈구먼" 하시며 추천 서적을 안내해 주시고, 공부를 하다 보면 한계에 부딪혀 공부하기 싫어지는 때가 있을 것이니 인내심을 갖고 잘 극복해야 한다며 격려의 말씀을 해주셨다. 나의 첫 번째 스승님이시다.

이후 책을 선별하고, 책 내용 중 취할 건 취하고 버릴 건 버리며 걸러내는 공부를 해나갔다. 그리고 사주명리학의 원리, 근거, 근원, 핵심이 무엇인지를 연구하고 스승님과 토론하면서 드디어 정통이 무엇인지 깨닫게 되었다. 나아가 수많은 임상실험을 통해 원리를 검증하는 과정을 거쳤다.

이 책은 30년이 넘는 세월 동안 연구하고 수많은 임상실험을 한 결과를 정리한 것이다. 사주명리학을 공부하고 싶어 하는 수많은 명리학도들이 오묘한 사주명리를 쉽게 이해하고 통달하는 데 작은 길라잡이가 되면 더할 나위 없이 행복할 것이다.

자연의 이치와 섭리를 깨닫고, 느끼고, 그 원리를 찾아 우리 인간사의 길흉화복에 올바로 대처함으로써 흉함에서 벗어나 행복한 미래를 만들어 나가는 고귀하고 신비스러운 학문에 많은 사람들이 관심 가져 주기를 바란다.

2023년 계묘년癸卯年 임술월壬戌月

樓靜 유만호

차 례

1 사주명리학의 기초

2 십신十神과 육친六親

3 용신用神과 격국格局

4 각종 사주 분석과 신살편

5 수명, 성격, 직업

6 대운·세운과 육친과의 관계 및 사주 해석

7 사주 이야기

부 록

1

—

사주명리학의 기초

사주명리를
쉽게 공부하는 법

1) 사주명리학을 암기하려 하지 말아야 한다.

사주명리학四柱命理學은 어떤 공식을 암기하는 학문이 아니라 자연의 이치와 섭리를 깨닫고, 느끼고, 폭넓게 이해하여 자연의 변화를 읽어내는 학문이다. 예를 들어 "한겨울의 땅은 꽁꽁 얼어 있어 나무를 심을 수 없고 곡식을 심어도 자랄 수 없다"는 것을 깨닫고 이해하는 것처럼 음양오행으로 형성된 사주팔자의 맛을 느껴야 한다.

2) 역학 용어에 너무 매달리지 않아야 한다.

역학 용어를 많이 사용하다 보면 자신도 모르게 대담자에게도 학술 전문 용어를 써서 대담자를 의아하게 만드는 수가 있다. 따라서 역학 용어에 지나치게 매달리지 않아야 한다.

3) 공부하는 동안 다른 서적이나 유튜브 방송을 보지 말기를 권한다.

다른 데서는 어떻게 하는지 의구심을 가질 필요가 없다. 처음 공부할 때 검증되지 않은 책이나 유튜브를 보면 오히려 혼란스럽기 때문이다.

걸러낼 수 있는 능력이 될 때까지는 이 책을 활용할 것을 권한다. 이 책으로 공부하다 보면 저절로 이해하게 될 것이다.

4) 결과를 가지고 사주팔자에 꿰어맞추거나 합리화하지 말아야 한다.

임상실험을 하거나 상담을 할 때 맞지 않는다면 반드시 이유가 있다. 그 이유와 근거를 찾아내 확인해야 학문이 깊어진다.

5) 공간적 개념과 시간적 개념, 투명하게 투출되어 있는 것과 암장되어 있는 것을 읽어 낼 줄 알아야 사주의 맥을 찾을 수 있다.

예를 들어 어느 대기업에 신입사원이 새로 입사했다고 하자. 총무 과장이 각 부서를 돌아다니며 인사시키는데, 체구도 작고 목소리도 힘이 없고 말솜씨도 별로 없어 사람들의 관심을 그다지 받지 못하고 인사를 마쳤다. 그런데 다음날 그 신입사원이 회장의 맏손자여서 경영수업을 받기 위해 왔다는 소문이 나돌자, 그 신입사원이 어제와는 딴판으로 보이더라는 것이다.

이와 같이 눈에 보이는 것과 눈에 보이지 않는 것을 잘 읽어 낼 줄 알아야 한다. 즉 투출되어 눈에 왜소하게 보이는 것과 눈에 보이지 않는 회장의 맏손자로서의 공간적 개념 정리가 잘 되어야 한다.

6) 유명하다는 『명리정종』, 『궁통보감』, 『연해자평』, 『적천수』, 『천기대요』 등 고전은 고전일 뿐이다.

변화하는 시대의 흐름에 맞춰 사주명리학도 변화해야 한다. 옛날에는 직업이 농사짓는 농부, 소금장수·엿장수 같은 상인, 대장장이나 갓바치와 같이 공업에 종사하는 경우, 그리고 나랏일 하는 공무원 등 4~5가지밖에 없었지만 현재는 직업군이 줄잡아 몇천은 될 것으로 생각한다. 게다가 옛날에는 없었던 컴퓨터·인공지능·반도체 관련 직업 등 새로운 직업이 속속 생겨나고 있다.

이러한 직업들은 과연 어느 오행의 직업일까? 오늘날의 수많은 직업을 다섯 가지 오행에 함축적으로 포함시켜 대학 전공에서 그 사람의 직업, 특성(특기), 취미, 성격, 성향, 태성, 후천성까지도 읽어 내야 하는데 고전으로는 역부족이다. 현 시대에 맞는 공부를 먼저 하고 고전을 공부하면서 원리, 근거, 근원 및 개념을 정리할 필요가 있다.

그러기에 고전은 고전으로서의 가치를 인정하되 현대의 학습용으로는 권장하지 않는다. 변화하는 오행의 마음을 이해하고 현대적 의미의 상생, 상극과 그에 따른 십신 연구가 더 필요하다.

7) 한문을 많이 몰라도 공부할 수 있다.

사주명리학은 한문에서 유래된 학문이기에 한문을 많이 알면 이해하기가 훨씬 빠르겠으나 굳이 사주명리를 공부하기 위해 한문을 먼저 공부할 필요는 없다. 오행五行, 천간天干, 지지地支 27자만 알아도 공부할 수 있다. 이 책에서는 한글 세대를 위해 되도록 한문을 사용하지 않을 것이며, 설명 과정에서 부득이 한문을 사용해야 한다면 한글로 토를 달아 설명하고자 한다.

8) 사주명리학을 공부하다 보면 고비가 있게 마련이다.

사주명리학을 깊이 들어가다 보면 어렵고 난해하다 보니 습득하기 쉬운 육효·구성학·육임·타로카드 등 점술 쪽에 관심을 보이는데, 이때 고비를 잘 넘기면 힘든 만큼 큰 보람과 성취감을 느낄 수 있다. 뿐만 아니라 오묘한 매력에 빠지게 될 것이다.

9) 사주명리를 공부하는 궁극적인 목적은 미래 예측에 대한 적중률이다.

이 책은 혼란스러운 군더더기를 모두 빼고 핵심 요소만 정리했기에 열심히 하면 단시간에 많은 성과를 거둘 수 있을 것이다. 포기하지 말고 이해될 때까지 반복 학습하기 바란다. 그래야만 사주팔자의 오묘함과 진정한 맛을 느낄 수 있을 것이다.

사주명리란?

철학이란 인간이 존재하는, 혹은 존재해야 하는 방식·이유·의미 등 인간 상황에 대한 근원적 이해를 추구하는 학문이다. 또한 진리를 분간해 내기 위한 살핌과 문답 방식 등을 찾기도 하고, 나아가 실체의 본성에 집중하는 추론의 규칙을 탐구하며, 인간의 행위에 영향을 미치는 도덕적 가치 및 규범을 모색한다.

영국 케임브리지대학 석좌교수인 장하석 박사는 그의 책 『과학, 철학을 만나다』에서 철학과 과학을 아주 쉽게 설명하고 있다. 세종대왕이 측우기를 만들 때 빗물의 양을 체크해야겠다는 발상을 한 것은 철학의 측면이 있고, 눈금을 이용해 시간별·일별·월별·계절별·연도별 통계를 내서 농사에 활용할 수 있는 기구, 즉 측우기를 만든 것은 과학이라는 것이다.

이렇듯 인간사의 모든 일에 철학이 관련되어 있다고 생각해도 과언이 아니다.

사주명리학도 철학의 한 분야인 역학으로 분류되며, 역학에서 주역, 육효, 육임, 매화역수, 자미두수 등과 함께 오늘에 이르렀다. 사주명리학은 사람이 태어난 생년, 월, 일, 시의 네 가지로 이루어진 사주에 음, 양, 오행의 원리를 적용하여 운명을 해석하는 학문이라고 정의할 수 있다.

사주팔자의 구성

사주명리를 흔히 '사주팔자四柱八字'라고 하는데, 사주팔자는 말 그대로 네 개의 기둥과 여덟 글자를 말한다. 생년, 월, 일, 시를 가지고 천간天干, 지지地支 네 개의 기둥을 이루며, 여덟 글자로 형성된다.

○	○	○	○
시간	일간	월간	년간
(자식 자리)	(사주 당사자 본인)	(아버지 자리)	(할아버지 자리)
○	○	○	○
시지	일지	월지	년지
(며느리, 사위 자리)	(배우자 자리)	(어머니 자리)	(할머니 자리)

년간年干·년지年支를 묶어서 초년운, 월간月干·월지月支를 묶어서 청년운, 일간日干·일지日支를 묶어서 중년운, 시간時干·시지時支를 묶어서 말년운을 예측한다.

하지만 종합감정은 사주 전체와 대운·세운까지 모두 보고 읽어 내야 하며, 합合·충沖·생生·극克이 변화하는 형태를 파악해야 한다.

천간과 지지

- 천간天干 : 甲(갑) 乙(을) 丙(병) 丁(정) 戊(무)
  己(기) 庚(경) 申(신) 壬(임) 癸(계)
- 지지地支 : 子(자) 丑(축) 寅(인) 卯(묘) 辰(진)
  巳(사) 午(오) 未(미) 申(신) 酉(유) 戌(술) 亥(해)

지금부터 부분적인 공부를 하고, 점차 폭을 넓혀 종합적인 풀이가 될
수 있도록 공부해 나가기로 한다.

오행과 음양, 천간, 지지

五行(오행)	木(목)		火(화)		土(토)		金(금)		水(수)	
陰陽(음양)	陽(양)	陰(음)	陽(양)	陰(음)	陽(양)	陰(음)	陽(양)	陰(음)	陽(양)	陰(음)
天干(천간)	甲(갑)	乙(을)	丙(병)	丁(정)	戊(무)	己(기)	庚(경)	辛(신)	壬(임)	癸(계)
地支(지지)	寅(인)	卯(묘)	巳(사)	午(오)	辰(진) 戌(술)	丑(축) 未(미)	申(신)	酉(유)	亥(해)	子(자)

相生(상생)

木生火(목생화)

火生土(화생토)

土生金(토생금)

金生水(금생수)

水生木(수생목)

相剋(상극)

木剋土(목극토)

土剋水(토극수)

水剋火(수극화)

火剋金(화극금)

金剋木(금극목)

음양오행

음陰과 양陽

음·양은 대립적이면서도 균형을 이루고자 하는 정신적·물질적 기氣, 즉 힘이다. 우리가 공부하는 사주명리학도 기울어져 있는 음·양의 기운을 찾아내고, 그 불균형을 바로잡는 글자를 이해하고 해석함으로써 인간의 길흉화복吉凶禍福이 어떻게 나타나는지를 읽어 내는 것이다.

인간의 심리 상태로 본 음·양의 마음

구분	양의 심리	음의 심리
	희망적이고 미래지향적	부정적, 과거집착형
과거	밝고 기쁜 일을 기억	힘들고 슬픈 일을 기억
현재	능동적, 희망적	수동적, 부정적
미래	성취욕을 앞세운 돌진	뒤를 살피고 관찰

구분	양의 심리	음의 심리
신앙	미래지향적, 종교에 관심	정적, 내면적 종교에 관심
행동	우선 시작해 놓고 본다	돌다리도 두드리는 형

음양의 비율

- 木 : 양중지음陽中之陰 – 양은 양이나 강한 양은 아님
- 火 : 순양純陽 – 순수한 아주 강한 양
- 土 : 음양지양陰陽之陽 – 음·양의 비율이 5 : 5
- 金 : 음중지양陰中之陽 – 음은 음이나 다소 약한 음
- 水 : 순음純陰 – 아주 강한 음

사주팔자 공부는 바로 이 음양오행의 비율을 따져 보는 것이다.

음양의 총괄적 분류

陽(양)	陰(음)	陽(양)	陰(음)
남자	여자	밝다	어둡다
여름	겨울	봄	가을
유정물(생물)	무정물(광물)	불	물
나무	암석	소년	노인
단단하다	부드럽다	기쁨	슬픔
희망	절망	미래	과거
시간	공간	시작	종말
지혜	우치(愚癡)	활발	침체
부자	빈자	적극적	소극적
얼굴	뒤통수	긍정	부정

특징 \ 성별	남자(陽)	여자(陰)
성격	활발하고 개방적	세심하고 비개방적
골격	강건하고 굵고 힘세다	부드럽고 가늘며 연약
성기	돌출	함몰
음성	굵고 우렁차다	가늘고 부드럽다
성욕	충동적이고 적극적	수동적이고 소극적
활동	외향적	내향적
재물	즉흥적이고 소비적	계산적이고 절약적
취미	스릴, 위험, 모험적	안전하고 아기자기한 취미

* 반대되는 경우도 있으나 여기서는 일반적인 상식 기준

오행五行

오행이란 동양철학에서 우주 만물의 변화 양상을 다섯 가지로 압축해서 설명하는 이론이다. 오행은 인간 사회의 5개 원소로 생각되는 나무木, 불火, 흙土, 쇠金, 물水의 운행변전運行變轉을 말하는데, 여기서 행行은 '운행'한다는 뜻이다.

음양의 확장된 모습으로 존재하는 오행을 각각의 원소로 나눠서 이해해 보기로 하자.

이 다섯 가지 원소는 정신적 형상과 물질적 형상을 모두 포함한다. 아울러 지구에서 발생하는 모든 현상도 오행을 바탕으로 설명할 수 있다. 어떻게 보면 광대무변한 세계를 단지 다섯 가지 오행으로 설명한다는 것이 무모해 보일 수 있다. 그렇지만 실제로 하나하나 연구하다 보면 그 다섯 가지를 바탕으로 설명하는데도 무궁무진한 진리의 세계를 관찰할 수 있다는 사실을 발견하고 놀라움을 금할 수 없게 된다. 이러한 이유로 이 공부에 발을 들인 사람은 쉽사리 벗어나지 못하고 빠져들게 되는 것 같다.

그러면 오행이 어떤 구조로 이루어져 있는지 알아보자. 오행의 기본은 간단하다. '목화토금수木火土金水' 다섯 가지뿐이기 때문이다. 이렇게 간단함에도 이것으로 모든 인간사의 기초가 되는 사상들을 대입시켜 보면 의외로 다양하게 전개되는 것에 놀라지 않을 수 없다.

사주명리 공부에서 일간이 몇 월에 어떤 오행으로 태어났으며, 일지에 어떤 오행을 두었느냐에 따라 그 사람의 특성, 성향, 성격을 읽어 낼 수 있으므로 '오행의 마음' 공부를 철저히 해야 한다.

오행의 마음과 특성

분류 \ 오행	木	火	土	金	水
기본형	나무	불	흙	쇠, 바위	물
十干(십간)	甲乙(갑을)	丙丁(병정)	戊己(무기)	庚辛(경신)	壬癸(임계)
十二支 (십이지)	寅卯(인묘)	巳午(사오)	辰戌丑未 (진술축미)	申酉(신유)	亥子(해자)
五行性 (오행성)	曲直(곡직) (곧고 곧음)	炎上(염상) (불꽃이 타오름)	稼穡(가색) 심고 거둠 (농작물)	從革(종혁) (바뀜)	潤下(윤하) (아래로 흐름)
五色(오색)	靑(청)	赤(적)	黃(황)	白(백)	黑(흑)
방향	東(동)	南(남)	中央(중앙)	西(서)	北(북)
五相(오상)	仁(인)	禮(예)	信(신)	義(의)	知(지)
계절	春(춘)	夏(하)	환절기	秋(추)	冬(동)
직업	교직자	연예인	공무원	군인, 경찰	연구직
인생	소년기	청년기	중년기	장년기	노년기
지역	강원도	경상도	충청도	전라도	함경도
세계	극동	적도 부근	중국 등	유럽, 미국	러시아
마음	천진난만	분노, 격정	안정, 평화	살기, 의리	음모, 술수
발음	ㄱㅋ	ㄴㄷㄹㅌ	ㅇㅎ	ㅅㅈㅊ	ㅁㅂㅍ
先天數(선천수)	3, 8	2, 7	5, 10	4, 9	1, 6
後天數(후천수)	1, 2	3, 4	5, 6	7, 8	9, 10
신체	신경계	순환계	근육계	뼈조직	혈액계
오장	간	심장	비장	폐	신장
육부	담	소장	위	대장	방광
얼굴	눈	혀	입	코	귀
맛	신맛	쓴맛	단맛	매운맛	짠맛

천간 오행과 마음

'갑을병정무기경신임계甲乙丙丁戊己庚辛壬癸'를 천간天干이라고 하는데, 천간은 기적氣的·정신적精神的·심적心的 상태를 의미한다. 즉 우주 만물과 사람의 기氣와 정신과 마음, 즉 심리 상태를 말한다. 일간日干(나, 사주 본인)이 이런 오행일 때의 마음을 기본적으로 알 수 있다. 그러나 이는 지극히 기본적인 것일 뿐, 주변 글자의 배치에 따라 다른 성향이 나올 수 있다.

甲木(갑목) : (陽木) 소나무, 전나무, 대들보, 은행나무처럼 키가 큰 나무
　　마음 : 쭉쭉 뻗어 나가려 하는 기질, 기세, 추진력, 앞서고자 하는 마음이 강하다. 남들보다 빨리 이루고, 높은 곳에 올라 뒤따라 오는 군중들을 바라봐야 직성이 풀린다. 1등 하기를 좋아하고 시작을 잘하는 반면 뒷마무리가 약하다. 인내심이 부족한 반면 순수하고, 목적 달성을 위해 희망을 갖고 나아간다. 처음 시작 부분에 해당하며, 한 방향으로 활발하게 움직인다. 비교적 단순 솔직하며, 복잡한 것을 추리하고 연구하는 데는 다소 맞지 않는 성향이다.

乙木(을목) : (陰木) 잔디, 잡초, 곡식, 넝쿨, 키가 작은 나무

　마음 : 생명력이 강하고 현실 적응력이 뛰어나다. 척박한 땅
　　　　에서도 잘 자라며, 주변의 지형 지물을 잘 활용한다.
　　　　부지런하면서 뭐든지 하려고 하는 반면, 두서가 없다.
　　　　쉼없이 인간관계를 맺으려 하다 보니 다소 어수선함을
　　　　느낄 수 있다.

丙火(병화) : (陽火) 하늘에 떠 있는 태양이나 용광로와 같은 큰 불

　마음 : 폭발력, 열정, 투쟁, 정의감, 예의가 있고, 선명하다. 불이
　　　　과하면 난폭해지고, 지나치게 과하거나 부족하면 무례
　　　　하다. 태양은 항상 지구를 바라보면서 지구에 온기와 밝음
　　　　을 주어 동식물(인간)이 살아갈 수 있게 하며, 지구 곳곳
　　　　에서 일어나는 상황을 한눈에 꿰뚫어볼 수 있다. 따라서
　　　　땅과 관련된 분야에 마음이 향한다.

丁火(정화) : (陰火) 달, 촛불, 화롯불, 난롯불, 전등불처럼 작은 불

　마음 : 밝고 명랑하며 긍정적·봉사적·헌신적·사교적인 성격
　　　　이다. 사리분별이 명확하고 현실적이다. 남의 일에 잘
　　　　끼어들고 오지랖이 넓다. 불은 나의 마음을 열고 다가가기
　　　　때문에 상대방의 마음도 쉽게 열 수 있다. 처음 보는
　　　　사람과도 쉽게 친해지지만 다소 비밀 유지가 어려울 수
　　　　있다.

戊土(무토) : (陽土) 산이나 산맥을 이루는 큰 산, 장중한 산, 메마른 고원, 사막같이 열기가 있는 땅

　　　마음 : 신의, 고독, 장중한 느낌을 준다. 앞장서려 하지도 않고 뒤처지는 것도 싫어한다. 상황과 추세에 적절히 대처하는 지혜와 슬기가 있다.

己土(기토) : (陰土) 온기와 습기가 있는 작은 흙, 기름진 문전옥답

　　　마음 : 저장성, 모성애, 신의가 있다. 앞에 나서려 하지 않으며, 다소곳하고 심사숙고하는 편이다. 중화지기中和之氣로 주변을 잘 아우르고 평화와 안정을 추구한다.

庚金(경금) : (陽金) 무쇠 덩어리, 바위, 원석, 숙살지기, 살내림 제련되거나 가공되지 않은 금광석

　　　마음 : 강인, 인내, 고집, 의리. 꾸밈이나 가식이 없고, 천진난만 하다. 자신만의 관념의 틀에서 벗어나기가 좀 어렵다. 의리를 중시하고 과묵하다.

辛金(신금) : (陰金) 금, 은, 보석, 모래, 자갈, 칼, 송곳, 낫, 호미

　　　마음 : 예리, 냉혹, 냉철, 철저. 인정에 끌리지 않고 한번 마음 먹으면 냉철하게 잘 끝낸다. 금은보석이기에 과시하려고 하는 마음이 있으며, 칭찬받기를 매우 좋아한다. 호불호 가 명확하다. 수천 도의 담금질과 수없는 망치질로 만들어졌기에 위협적인 상황에서도 두려워하지 않는다. 칼, 송곳이기에 상대방 가슴에 상처가 될 수 있는 말도 어렵지 않게 할 수 있다.

壬水(임수) : (陽水) 바닷물, 강물, 호수처럼 큰 물

　마음 : 지혜롭고 도량이 넓다. 물은 위에서 아래로 흐르며,
흐르는 도중 장애물을 만나면 주저없이 좌회하거나
우회한다. 자기 세력의 정도에 따라 타넘어 버리는
슬기와 지혜가 있기에 상황 대처 능력이 뛰어나다.

물은 항상 움직이기를 좋아하고 생각이 많다. 속마음을
알 수가 없다.

물은 고여 있으면 썩기 때문에 항상 흐르려고 하며, 2km
정도 흐르면 더러운 물이라도 정수가 된다고 한다.

그리하여 일간이 임수壬水로 태어난 여자는 집에서 살림
만 하고 살면 이유 없이 몸이 아파 오는 사람도 있기 때문
에 바깥 활동을 하고자 한다.

癸水(계수) : (陰水) 계곡물, 깊은 산속 옹달샘 물, 음용수같이 맑고 깨끗한 물,
아침 이슬, 수증기, 사람이 먹을 수 있는 맑고 깨끗한 물

　마음 : 지혜롭고 두뇌회전이 빠르며 순발력이 있다. 깊이 생각
하기보다 순간 대처 능력이 뛰어나다. 물 깊이가 보이는
맑은 물이기에 속마음을 읽을 수 있다. 기분이 좋은지
나쁜지 표정이 겉으로 드러난다.

　　* 물체가 견고하면 생각이나 파장이 미미하고, 물체가 물처럼 유연
하면 생각도 유연하고 자유롭다.

오행의 상생과 상극

오행의 상생相生

상생이란 서로 도와준다는 뜻이나, 여기서는 사주자 본인을 지칭하는 일간日干을 기준으로 도와주는 세력이 얼마나 있느냐에 따라 일간이 힘을 발휘할 수 있는지 없는지를 알아본다. 여기서 생生이란 부모가 자식에게 아무 조건 없이 도와주는 것과 같은 의미이다.

木(목) 生(생) 火(화)　　나무가 타서 불을 타오르게 한다.

火(화) 生(생) 土(토)　　불에 타고 남은 재는 흙이 된다.

土(토) 生(생) 金(금)　　금광석(쇠)과 돌은 흙 속에서 나온다.

金(금) 生(생) 水(수)　　맑은 물은 바위 틈에서 나온다.

水(수) 生(생) 木(목)　　나무는 물을 먹고 산다.

오행의 상극相剋

상극이란 '서로 대립한다, 싸운다, 다툰다'는 뜻이나 여기서는 일간日干(나, 사주 본인)이나 일간을 도와주는 세력을 얼마나 극剋하느냐를 알아보기 위한 것이다. 여기서 극剋은 치다, 꺾다, 제거하다, 죽이다, 억누르다, 못살게 굴다, 소유한다, 갖는다, 취한다는 의미를 갖고 있다.

木(목) 剋(극) 土(토)		나무가 뿌리를 뻗으면서 꿈틀꿈틀 땅을 판다.
土(토) 剋(극) 水(수)		흙이 물을 가둔다.
水(수) 剋(극) 火(화)		물이 불을 꺼버린다.
火(화) 剋(극) 金(금)		불이 쇠를 녹인다.
金(금) 剋(극) 木(목)		쇠가 나무를 자른다.

십간의 성질

'갑을병정무기경신임계甲乙丙丁戊己庚辛壬癸'를 십간十干이라고도 하는데, 천간 오행의 마음과 비슷하지만 십간의 마음과 성질을 잘 알아야 사주풀이를 완벽하게 할 수 있기에 다시 한번 공부하기로 한다.

일간日干이 갑을병정무기경신임계甲乙丙丁戊己庚辛壬癸일 때 다음과 같은 성질을 나타낸다.

甲木(갑목) : 고목, 소나무, 전나무, 은행나무, 키가 큰 나무
　　1) 시작을 나타낸다.
　　2) 선두, 일등 하기를 좋아한다.
　　3) 시작, 시도하기를 좋아하는 반면 끝마무리가 신통치
　　　않다.
　　4) 오행 중 유일한 생명체로서 환경을 중시하고 생기와
　　　활기가 넘치며 열토인 戊土(무토)보다는 뿌리 뻗기 좋은
　　　습토인 己土(기토)를 좋아한다.
　　5) 좌절하면 쉽게 회복이 안 된다.

乙木(을목) : 곡식, 잔디, 넝쿨, 잡초 등 키가 작은 나무 또는 풀

    1) 현실적이며 이해타산이 빠르다.

    2) 환경 적응력이 뛰어나며 주변의 모든 것을 이용할 수 있다.

    3) 생활력과 인내심이 강하다.

    4) 부지런하면서 다소 어수선한 느낌을 준다.

丙火(병화) : 태양열, 용광로와 같이 큰불

    1) 개성이 강하고 용기가 대단하다.

    2) 불 같은 성질이 있다.

    3) 예의를 잘 지킨다.

    4) 정의감이 있다.

    5) 태양은 지구를 바라보고 있기에 땅과 관련된 것 또는 일을 좋아한다.

丁火(정화) : 촛불, 전등불, 난롯불, 화롯불 (문명의 불)

    1) 밝고 명랑하며 긍정적이다.

    2) 헌신적이고 봉사적이다.

    3) 충성심과 희생 정신이 있다.

    4) 발산력이 있으며, 불이라 밝히기를 좋아한다.

    5) 다소 오지랖이 넓다.

    6) 이득이 없는데도 나서기를 좋아한다.

戊土(무토) : 메마른 고원, 사막, 황야, 묵묵하고 장엄한 산, 큰 산맥

    1) 일희일비하지 않으며 표정이 없다.

    2) 앞장서려 하지 않으며, 자기 주장을 쉽게 표출하지 않는다.

    3) 토土의 본성은 신信이므로 신용이 철저하다.

    4) 모든 것을 수용하려 하는 마음이 강하다.

    5) 참을성이 많아서 2~3번 참아 보지만 한번 폭발하면 지진이 일어난 것처럼 무서운 폭발력이 나온다.

    6) 유난히 고독감을 느낀다.

己土(기토) : 농사가 잘 되는 기름진 문전옥답, 습기와 온기가 있는 땅, 갑목甲木이 뿌리 뻗기 좋아하는 자갈이 없는 땅

    1) 자기 주장을 강하게 내세우지 않으며 모든 것을 수용하는 편이다.

    2) 합리적이다.

    3) 앞에 나서려 하지 않으며, 말을 많이 하지 않기 때문에 말실수가 거의 없다.

    4) 상담직이나 종교인 중에는 기토己土가 많다.

庚金(경금) : 무쇳덩어리, 큰 바위(자연석), 숙살지기, 살내림

    1) 가장 단단하며 고집이 세다.

    2) 소신껏 행동하며 의리가 있다.

    3) 천진함이 있어 한번 인간관계를 맺으면 변치 않는다.

    4) 꾸밈이나 가식이 없어 순수하다.

5) 여유가 있으나 순발력이 다소 떨어질 수 있다.

6) 자기만의 관념 탈피가 좀 어렵다.

7) 군인·경찰관 같은 직업에 일간日干이 경금庚金인 사람이 많다.

辛金(신금) : 금, 은, 보석, 주옥, 비철금속, 모래, 자갈, 칼, 호미, 낫 등 가공되어 인간의 삶에 편리한 도구로 사용되는 작은 쇠

1) 깔끔하고 청백하다.

2) 내면적으로 강하고 표출을 잘 안 한다.

3) 깨끗하고 아름다움을 추구한다.

4) 제련되는 험난한 과정을 거치고 탄생한 신금辛金이기에 두려움을 모른다.

5) 끝까지 물고 늘어지는 집착력 또는 복수심이 강하다.

6) 칼같이 맺고 끊는 냉철함이 있다.

7) 호불호가 명확하다.

8) 자존심이나 인격을 다치는 일을 당했을 때는 참아내기 힘들다.

壬水(임수) : 바다, 강, 호수처럼 큰 물

1) 침착하고 쉼없이 생각하기에 발명가 기질이 나온다.

2) 바닷물 속이 보이지 않는 것처럼 속마음을 잘 알 수가 없다.

3) 인내심이 있으며 지혜롭고, 마음은 바다같이 넓고 깊다.

4) 흡수력과 포용력이 있다.

癸水(계수) : 계곡물, 깊은 산속 옹달샘 물, 단비, 생수, 활수, 이슬, 안개,
수증기 등

1) 마음이 여리고 착하며 눈물이 많다.

2) 변화가 많고 깨끗하다.

3) 자신은 깨끗한 물이기에 다른 더러운 물과 섞이기를
싫어한다.

4) 사주 형태에 따라 다소 예민한 부분도 있다.

5) 항상 생기가 있고(옹달샘) 활발(시냇물)하다.

6) 있는 것도 같고 없는 것도 같다(안개).

지금까지 십간의 마음과 성질을 알아보았다. 십간의 마음은 일간이
어떤 오행일 때 이와 같은 성향이 나온다는 지극히 본바탕의 마음이고,
사주팔자 형태에 따라, 즉 신강인지 신약인지, 용신이 어떤 오행인지,
격국이 무엇인지에 따라 전혀 다른 성향이 나올 수 있다는 것을 알아야
한다.

氣(기) - 天干(천간) - 天元(천원)
体(체) - 地支(지지) - 地元(지원)
用(용) - 地藏干(지장간) - 人元(인원)

위 기氣·체体·용用, 즉 하늘과 땅과 인간이 조화를 이루어야 섭리가
이루어질 수 있다. 아무리 기氣가 건전하다 해도 체体가 병약하면 그의
용用은 쓸모가 없다.

십간의 변화

십간十干이 합合을 하거나 충沖을 하여 본연의 마음이나 성질을 버리고 다른 글자로 변하거나, 합이 되는 쪽으로 기운이 치우치는 형태가 되어 변화하는 것을 말한다.

合(합) : 간합干合, 오합五合 두 개의 오행이 서로 나란히 붙어서 합合하여 새로운 오행으로 변하는 것

　　1) 甲己合化 土 (갑기합화 토)
　　2) 乙庚合化 金 (을경합화 금)
　　3) 丙辛合化 水 (병신합화 수)
　　4) 丁壬合化 木 (정임합화 목)
　　5) 戊癸合化 火 (무계합화 화)

沖(충) : 천간충天干沖 두 개의 오행이 서로 나란히 붙어서 부딪히기 때문에 불안정하다는 의미

　　1) 甲庚沖　　　(갑경충)
　　2) 乙辛沖　　　(을신충)
　　3) 丙壬沖　　　(병임충)
　　4) 丁癸沖　　　(정계충)

지지 地支

　'자축인묘진사오미신유술해子丑寅卯辰巳午未辛酉戌亥'를 지지地支라고
한다. 천간이 우주 만물과 사람의 기氣와 정신과 마음, 즉 심리 상태라면,
지지는 움직이고, 행동하고, 실천하고, 취하고, 갖고, 축적하고, 버리는
등의 실질적이고 현실적인 행동을 말한다.

　중요한 것은 천간의 마음이 움직이고 지지의 현상이 뒤따른다는
것이다. 예를 들어 활동력 식신食神 상관傷官이 천간에 있으면 "언제 뭘
해야지" 하면서도 쉽게 실천하지 못하는데 지지에 있으면 쉽게 행동할
수 있다.

　또 지지는 계절을 나타낸다. 아래와 같이 인묘진寅卯辰월은 목木의
기운이 강한 봄의 계절, 사오미巳午未월은 더운 불의 기운이 강한 여름,
신유술申酉戌월은 쇠의 기운이 강한 서늘한 가을, 해자축亥子丑월은
차갑고 추운 물의 계절 겨울을 나타낸다.

구 분	木(목) 봄	火(화) 여름	金(금) 가을	水(수) 겨울
子(자) 丑(축)	寅(인) 卯(묘) 辰(진)	巳(사) 午(오)未(미)	申(신) 酉(유)戌(술)	亥(해) 子(자)丑(축)
잉태, 숙성	1　2　3	4　5　6	7　8　9	10　11　12
	(소음)	(태양)	(소양)	(태음)
	희망적	열정	침착하다	냉철하다
	진취적	뜨겁다	맺고 끊는다	차분하다
	적극적	정열	마무리	감춘다
	긍정적	다혈질		움츠러든다

　『주역』에서는 자子, 오午를 양陽으로 분류하고 사巳, 해亥를 음陰으로 분류하는데, 이렇게 하면 올바른 풀이가 안 되고 맞지 않는 결과가 나온다. 지금도 어떤 책이나 강의에서는 『주역』을 많이 인용하고 있으나 명리에서는 아래와 같이 자子는 음陰, 해亥는 양陽, 사巳는 양陽, 오午는 음陰으로 분류해서 풀이해야만 정확한 풀이가 된다.

　子水(자수) : 1) 천간의 계수癸水와 같이 맑고 깨끗한 작은 물이다.
　　　　　　 2) 작은 물이지만 응축되어 기운이 강하게 작용한다.
　　　　　　 3) 처음 시작이고 정자와 난자가 만나서 잉태가 되듯이
　　　　　　　　정자와 난자도 자수子水로 보며, 정자와 난자가 만나는
　　　　　　　　우리 몸의 자궁도 자수子水로 본다.
　　　　　　 4) 처음 시작이고, 종자이고 씨앗으로 본다.
　　　　　　 5) '호' 날숨이고, 잉태이고, 생명체의 시작이다.
　　　　　　 6) 주역에서는 양陽으로 보고 명리에서는 음陰으로 본다.

십이지지十二地支

십이지지十二地支는 '자축인묘진사오미신유술해子丑寅卯辰巳午未申酉戌亥'
12개가 있다고 하여 12지지라고 한다.

子水(압축종자) : 陰水(음수) 동짓달(음력 11월), 쥐, 시작, 한밤중
　　　　　전일 저녁 23시 30분 ~ 다음날 새벽 01시 30분 (壬10 癸20)
　　1) 씨앗을 의미, 즉 종자種子, 정자精子를 말한다.
　　2) 시작을 의미한다. 동지가 지나면 다음해의 기운이
　　　　서서히 오기 시작하여 다음 연도 입춘을 기점으로
　　　　바뀐다.
　　3) 동물로는 쥐.
　　4) 번식력이 왕성하고, 종자가 강한 동물이다.
　　5) 야행성이며, 음지성이 강한 동물이다.
　　6) 천간의 계수와 같은 성향이며, 음력 11월의 물이
　　　　기에 얼음물이라고 볼 수 있다.
　　7) '壬10 癸20'은 지장간地藏干이라고 하는데, 이를테면
　　　　"땅속에 감춰진 천간의 기운"이라고 설명할 수 있다.
　　　　지장간 구성이 여기餘氣, 중기中氣, 정기正氣이므로

한 달을 30일로 보고 임수壬水의 기운이 10일, 계수癸水의 기운이 20일이라고 읽어 낸다.

8) 다른 불순물이 없는 순수한 물로만 이루어졌다는 것을 알 수 있다.

9) 체体와 용用이 바뀌어 있어 음陰의 수水이다.

丑土(냉동저장고) : 陰土(음토) 섣달(음력 12월), 소, 동토(언 땅)
　　　　　　 01시 30분 ~ 03시 30분 (癸9 辛3 己18)

1) 종자種子 자수子水를 숙성시키는 데 사용한다.

2) 종자를 압축 상태에서 숙성시키고 저장한다.

3) 엄마 뱃속에서 열 달 동안 보내는 과정을 의미한다.

4) 동물로는 소.

5) 봄부터 일을 시작해 벼 수확 후 보리갈이를 마치고 11월 동짓달 기운의 씨앗을 모아서 12월 섣달에 축적 (휴식), 즉 이듬해 다시 일을 시키기 위한 기운을 저장함을 의미한다.

6) 음력 12월의 땅이기에 꽁꽁 얼어 있는 땅이다.

7) 지장간의 천간 계수癸水의 기운이 9일, 신금辛金의 기운이 3일, 기토己土의 기운이 18일 있는 땅이다.

寅木(소나무) : 陽木(양목) 정월(음력 1월), 초봄, 호랑이
　　　　　　 03시 30분 ~ 05시 30분 (戊7 丙7 甲16)

1) 사주(명리학)의 연도(띠)는 입춘立春을 기준으로 바뀐다.

2) 사주는 탄생 후 논하는 학문이다.

3) 자월子月 : 잉태

4) 축월丑月 : 숙성(열 달간의 임신 기간)

5) 인월寅月 : 탄생(출산), 유아기

6) 음력 1월이기에 아직은 춥지만 눈 덮인 땅을 파보면 이미 땅속에서 파릇한 싹이 힘차게 올라오고 있음을 관찰할 수 있다.

7) 키가 큰 양陽의 나무이지만 무토戊土의 기운이 7, 병화丙火의 기운이 7, 갑목甲木의 기운이 16으로 형성되어 있다.

卯木(넝쿨식물) : 陰木(음목), 음력 2월, 완연한 봄, 토끼, 우거진 숲
　　　　　　　　05시 30분 ~ 07시 30분 (甲10 乙20)

1) 봄의 기운이 가득하다.

2) 인생으로는 청소년기이며 성장기이다.

3) 토끼는 초식동물로 묘목卯木의 식단이 풍성하다.

4) 갑목甲木 10, 을목乙木 20, 순수한 나무로만 지장간이 형성되어 있다.

辰土(문전옥답) : 陽土(음토), 음력 3월, 용, 봄에서 여름으로 가는 환절기
　　　　　　　　07시 30분 ~ 09시 30분 (乙9 癸3 戊18)

1) 퇴비(거름)와 물기가 있는 봄의 흙

2) 4월 5일 식목일이 있는 시기이기에 나무가 뿌리내리기 가장 좋은 계절의 흙이다.

3) 목木이 가장 좋아하는 흙이다.

4) 진辰월의 날씨는 비가 오다가 눈으로 바뀌기도 하며, 회오리바람이 불면서 추워지기도 하는 등 변덕스러워 용의 조화로 의미를 둘 수 있다.

巳火(맹렬한 불꽃) : 陽火(양화), 음력 4월, 뱀, 초여름
09시 30분 ~ 11시 30분 (戊7 庚7 丙16)

1) 경금庚金은 불기운을 보관하는 용기用器로 본다.
2) 지장간 병화丙火 16으로 화극금火剋金을 하지만 7일의
   무토戊土가 있기에 화극금火剋金을 할 수가 없고,
   토생금土生金으로 금金을 보호하니 불씨를 보관하는
   용기로 본다(흙은 불에 타지 않는다).
3) 겨울잠에서 깨어난 4월의 뱀독이 가장 무섭다.
4) 체体와 용用이 바뀌어 있어 양陽의 화火이다.

午火(대단한 열기) : 陰火(음화), 음력 5월, 한여름, 말
11시 30분 ~ 13시 30분 (丙10 己9 丁11)

1) 지장간에서 기토己土는 병화丙火와 정화丁火 사이에서
   폭발을 방지하고 있다.
2) 오화午火는 체体와 용用이 바뀌어 있어 음陰의 화火이다.
3) 말이 마음껏 먹을 수 있는 풀들이 들판에 풍성하다.

未土(대단한 열기) : 陰土(음토), 음력 6월, 열기만 있는 땅, 양, 환절기
13시 30분 ~ 15시 30분 (丁9 乙3 己18)

1) 습기가 하나도 없이 열기만 가득한 흙이다.
2) 한여름 논바닥이 쩍쩍 갈라지는 뜨거운 땅이다.
3) 땅바닥에 물을 한 컵 부으면 푸지직 금방 말라 버린다.
4) 양은 순한 동물로 알고 있지만 알고 보면 성질이 매우
   급하다.

5) 따라서 월지가 미월未月이거나 일지가 미토未土일 때 사주 형태에 따라 다르지만 성질이 급할 가능성이 매우 높다.

6) 4월, 5월의 열기를 저장하는 달이다.

7) 사람이 느끼기에 가장 뜨겁고 더운 계절이지만 땅속에서 미토未土는 가을을 준비하고 있다.

申金(암석) : 陽金(양금), 음력 7월, 큰 바위, 원석, 쇳덩어리, 초가을, 원숭이
15시 30분 ~ 17시 30분 (戊7 壬7 庚16)

1) 인생으로는 50대이며, 결실을 준비하는 단계

2) 원숭이 : 음력 7월은 여름도 아니고 가을이라고 하기엔 아직 열기가 있다. 그러므로 인간 같기도 한, 즉 어정쩡한 원숭이를 신월申月에 넣었다고 볼 수 있다.

3) 일지가 신금申金이면 대체로 여러 가지 재주가 있고 먹고 살 걱정은 없을 거라고 풀이하는 사람이 많은데, 근거 있는 말이라고 생각한다.

酉金(돌멩이) : 陰金(음금), 음력 8월, 닭, 완연한 가을, 금, 은, 보석, 칼날, 송곳, 낫, 호미, 작은 쇠 또는 작은 돌, 자갈, 모래
17시 30분 ~ 19시 30분 (庚10 辛20)

1) 지장간이 경庚, 신辛으로 불순물이 섞이지 않은 순수한 쇠로만 구성되어 있음을 알 수 있다.

2) 따라서 칼같이 자르는 단호함과 예리함, 냉철함이 있다.

戌土(사막) : 陽土(양토), 음력 9월, 개, 환절기, 자갈땅

19시 30분 ~ 21시 30분 (辛9 丁3 戊18)

    1) 인생의 마무리

    2) 결실

    3) 휴식기

    3) 곡식 수확을 하고 난 황량한 들판

    4) 가을에서 겨울로 바뀌는 환절기

    5) 자갈이 있어 갑목甲木은 싫어하고 을목乙木이 좋아하는 땅

亥水(바다) : 陽水(음수), 음력 10월, 돼지, 초겨울

21시 30분 ~ 23시 30분 (戊7 甲7 壬16)

    1) 동면(겨울잠)

    2) 휴식

    3) 죽음(일년생 풀들은 죽는다)

    4) 지장간 해수亥水 속에 있는 무토戊土 7은 진흙이나 뻘로 볼 수 있다.

    5) 갑목甲木 7은 해초나 미역 줄기로 볼 수 있다.

    6) 체体와 용用이 바뀌어 있어 양陽의 수水이다.

지지 합·충의 변화

천간에서 합과 충으로 인해 다른 오행이나 성질로 변화했듯이, 지지
에서도 합과 충으로 인해 변화한다.

1. 合(합)

  1) 六合(육합) : 지지에서 6개의 합合을 말한다.
  　　　　　　　두 개의 오행(기운)이 나란히 붙어서 다른 기운을
  　　　　　　　나타내는 현상이다.

  　　　　　　　子丑合(자축합) : 土(토)
  　　　　　　　寅亥合(인해합) : 木(목)
  　　　　　　　卯戌合(묘술합) : 火(화)
  　　　　　　　辰酉合(진유합) : 金(금)
  　　　　　　　巳申合(사신합) : 水(수)
  　　　　　　　午未合(오미합) : 火(화)

  2) 三合(삼합) : 지지에서 3개의 오행(기운)이 나란히 붙어서 다른
  　　　　　　　기운을 나타내는 현상을 말한다.

寅午戌(인오술) : 火(화)

申子辰(신자진) : 水(수)

巳酉丑(사유축) : 金(금)

亥卯未(해묘미) : 木(목)

3) 方合(방합) : 지지에서 3개의 오행(기운)이 나란히 붙어서 방향을
나타내는 현상을 말한다.

寅卯辰(인묘진) : 東方木局(동방목국)

巳午未(사오미) : 南方火局(남방화국)

申酉戌(신유술) : 西方金局(서방금국)

亥子丑(해자축) : 北方水局(북방수국)

2. 沖(충)

지지에서 2개의 오행(기운)이 나란히 붙어 부딪히면서 불안정한 상태가
되는 현상을 말한다.

子午沖(자오충) : 작은 물과 작은 불이 부딪히는 충

卯酉沖(묘유충) : 작은 나무와 작은 쇠가 부딪히는 충

寅申沖(인신충) : 큰 나무와 큰 쇠가 부딪히는 충

巳亥沖(사해충) : 큰불과 큰물이 부딪히는 충

丑未沖(축미충) : 꽁꽁 언 땅과 쩍쩍 갈라지는 열기가 강한 흙이
부딪히는 충

辰戌沖(진술충) : 나무와 물이 있는 봄의 큰 흙과 쇠와 불이 있는 큰
흙이 부딪히는 충

육십갑자

천간天干의 갑목甲木부터 계수癸水까지가 십간十干인데, 이를 일순一旬이라고 한다. 이 일순을 주기로 하면 갑자甲子에서 계해癸亥가 되는데, 이름하여 육십갑자六十甲子라고 한다.

구성 원리를 보면 갑자에서 계해까지 여섯 번 움직이고 육갑六甲, 육을六乙, 육병六丙, 육정六丁, 육무六戊, 육기六己, 육경六庚, 육신六辛, 육임六壬, 육계六癸로 호칭하나 육기六氣라고도 한다.

지지地支는 자子부터 해亥까지 다섯 번 움직인다고 하여 오자원五子元이라고 하는데, 갑자甲子, 병자丙子, 무자戊子, 경자庚子, 임자壬子 등을 말한다. 오자원법五子元法 또는 오원五元이라고도 한다.

육십갑자도 하나의 법칙에 따라 구성된다. 즉, 양간陽干에는 양陽의 지지가, 음간陰干에는 음陰의 지지가 만나서 짝이 된다. 천간의 끝자인 계수癸水와 지지의 끝자인 해수亥水가 60번째 만나기 때문에 육십갑자라고 하는 것이다. 육십갑자는 연年, 월月, 일日, 시時대로 계속 순환하고 있어 그 사람의 사주팔자가 된다.

24절기

음력은 3년마다 윤월閏月이 있기 때문에 매년 같은 날짜에 해가 뜨고 지지는 않지만 절기로는 일출과 일몰이 맞다.

기후도 절기에 따라 변화한다.

매달 절節과 기氣 사이는 15일, 절節과 절節 사이는 30일로 되어 있으나 31~34일이 되는 경우도 있다. 기氣는 사용하지 않고 절節만 사용한다.

  1월　節(절)　立春(입춘)　氣(기)　雨水(우수)

  2월　節(절)　驚蟄(경칩)　氣(기)　春分(춘분)

  3월　節(절)　淸明(청명)　氣(기)　穀雨(곡우)

  4월　節(절)　立夏(입하)　氣(기)　小滿(소만)

  5월　節(절)　芒種(망종)　氣(기)　夏至(하지)

  6월　節(절)　小暑(소서)　氣(기)　大暑(대서)

  7월　節(절)　立秋(입추)　氣(기)　處暑(처서)

  8월　節(절)　白露(백로)　氣(기)　秋分(추분)

  9월　節(절)　寒露(한로)　氣(기)　霜降(상강)

10월　節(절)　立冬(입동)　氣(기)　小雪(소설)

11월 節(절) 大雪(대설) 氣(기) 冬至(동지)
12월 節(절) 小寒(소한) 氣(기) 大寒(대한)

* 위 월은 음력임.

지장간地藏干

지장간이란 땅속에 감춰진 천간의 기운을 말한다. 즉 겉으로 드러나지 않은 속마음, 또는 투출되지 않은 잠재적인 요소를 말한다.

지지 기간	子	丑	寅	卯	辰	巳	午	未	申	酉	戌	亥
초기 (여기)	壬 10	癸 9	戊 7	甲 10	乙 9	戊 7	丙 10	丁 9	戊 7	庚 10	辛 9	戊 7
중기		辛 3	丙 7		癸 3	庚 7	己 10	乙 3	壬 7		丁 3	甲 7
정기 (본기)	癸 20	己 18	甲 16	乙 20	戊 18	丙 16	丁 11	己 18	庚 16	辛 20	戊 18	壬 16

1) 위 표에 나오는 숫자는 한 달 30일을 기준으로 하여 초기初氣, 餘氣의 기운과 중기中氣의 기운, 정기正氣, 本氣의 기운이 나뉘는 숫자이다.
2) 여기餘氣란 지난달의 남아 있는 기운을 말한다. 기운이란 한꺼번에 바뀌는 것이 아니고 서서히 변화한다.
3) 중기中氣란 초기에서 본기로 넘어가는 중간 과정의 기운을 말한다.
4) 정기正氣란 지지오행의 본래 기운을 말한다.

5) 자子, 묘卯, 유酉는 다른 오행이 섞이지 않은 한 가지 기운으로만 형성되었음을 알 수 있다.

6) 축토丑土의 지장간 계신기癸辛己와 인목寅木의 지장간 무병갑戊丙甲은 서로 합을 이루고 있다. 이를 암합暗合이라고 한다.

지지의 충

앞에서 지지에서의 충沖을 공부했으나 이번에는 좀 더 깊이 들어가 보자.

生支沖(생지충) : 寅 申 巳 亥

旺支沖(왕지충) : 子 午 卯 酉

墓支沖(묘지충) : 辰 戌 丑 未

寅	卯	辰	새벽, 아침, 희망, 광명, 설렘, 새싹
巳	午	未	한낮, 절정, 성장, 성수기
申	酉	戌	저녁, 마무리, 결실, 휴식 준비
亥	子	丑	한밤중, 어둠, 휴식, 동면, 죽음
(생지)	(왕지)	(묘지)	

지지의 변화

앞에서 합충合沖으로 인한 지지의 변화를 공부했다. 이번에는 좀 더 깊이 있는 심화 과정을 공부해 보기로 하자.

1. 三合(삼합)

寅午戌 - 火
申子辰 - 水   부자손(父子孫)의 合 (아버지, 아들, 손자, 즉 가정의 합)
巳酉丑 - 金
亥卯未 - 木

2. 方合(방합)

寅卯辰 - 東方木局(동방목국)
巳午未 - 南方火局(남방화국)   붕합(朋合)
申酉戌 - 西方金局(서방금국)   친구 합이라고 이해하면 된다.
亥子丑 - 北方水局(북방수국)

3. 六合(육합)

子丑合 土   寅亥合 木   卯戌合(묘술합) 화(火)

辰酉合 金   巳申合 水   午未合(오미합) 無化(무화)

(午未合은 사주 형태에 따라 합의 개념만 가질 뿐
합이 안 될 수도 있다.)

4. 六沖(육충)

子午沖   卯酉沖   寅申沖

巳亥沖   丑未沖   辰戌沖

조선을 건국한 태조 이성계와 아들 이방원

 1392년 7월 즉위한 태조 이성계는 후처인 강씨 부인의 소생인 열 살 어린 나이의 이방석을 세자로 책봉했다. 반면 전부인 한씨의 아들들은 조선이 건국되기까지 많은 공을 세웠음에도 공신에 오르지 못하고 철저히 배제되었다. 특히 다섯째 아들 이방원은 고려의 충신 정몽주를 선죽교 에서 살해하는 등 결정적 역할을 했음에도 철저히 외면당했다.

 이방원이 한직에서 울분을 삼키고 있을 때 정도전 등이 주축이 되어 이방석이 후계자가 되는 데 걸림돌이 되는 형들을 모두 제거하려 한다는 이야기를 전해 듣고 왕자의 난을 일으켰다. 1차 왕자의 난이다.

 왕자의 난으로 실권을 장악한 이방원은 아버지 이성계를 상왕으로 모시고 둘째 형 방과(정종)를 왕위에 올렸다. 첫째 형 방우는 고려를 숭상해 조선의 건국을 반대했기 때문이다. 그 후 2차 왕자의 난이 일어나자, 정종은 이를 평정한 동생 이방원에게 왕위를 물려주었다.

 이 과정에서 아들과의 사이가 몹시 나빠진 태조 이성계는 이방원에게 불만을 품고 함흥으로 가서 돌아오지 않았다. 이방원은 백성들 보는 눈이 있어 아버지를 모셔 오려고 사신을 보냈지만 사신들이 이성계에게 죽임을 당하거나 가두고 돌려보내지 않았다. 함흥차사咸興差使라는 말은 바로 여기서 유래한 것이다.

그러던 어느 날, 이방원은 아버지가 오신다는 전갈을 받았다. 이방원은 궁궐 안에서 아버지를 맞는 것은 자식 된 도리가 아니라고 생각해 마을 어귀까지 나가서 맞이하기로 했다.

그런데 신하 중에 풍수지리와 역술에 밝은 하륜이 그날의 일진이 좋지 않다며 태조를 맞이하는 곳의 천막(그늘막) 기둥을 아름드리 통나무로 세우도록 했다.

마침내 태조 이성계가 저 멀리서 모습을 드러냈다. 이방원은 반가워서 손을 흔들며 반기려는데 갑자기 아버지가 자신에게 활을 겨누는 것이 아닌가. 이를 본 이방원은 급히 기둥 뒤로 몸을 숨겨 화를 면할 수 있었다. 이성계의 활 솜씨는 날아가는 참새 다섯 마리를 화살 하나에 꿸 수 있을 정도로 뛰어난 것으로 알려져 있다.

이처럼 조선 시대에도 무학대사, 정도전, 하륜 등의 인물들이 정치에 역술을 많이 활용한 것으로 알려져 있다.

사주 작성법

연월일시年月日時 정하는 법

1) 年柱(년주) : 태어난 해

· 입춘을 기준으로 한다.

· 입춘일에 태어났으면 입춘 시간을 본다.

2) 月柱(월주) : 태어난 달

· 12절기를 기준으로 한다.

· 아래 월은 음력이다.

1월 : 입춘立春	2월 : 경칩驚蟄	3월 : 청명淸明
4월 : 입하立夏	5월 : 망종芒種	6월 : 소서小暑
7월 : 입추立秋	8월 : 백로白露	9월 : 한로寒露
10월 : 입동立冬	11월 : 대설大雪	12월 : 소한小寒

3) 日柱(일주) : 태어난 날

· 자정을 기준으로 한다.

4) 時柱(시주) : 태어난 시간

子時 23시 30분 ~ 01시 30분

丑時 01시 30분 ~ 03시 30분

寅時 03시 30분 ~ 05시 30분

卯時 05시 30분 ~ 07시 30분

辰時 07시 30분 ~ 09시 30분

巳時 09시30분 ~ 11시 30분

午時 11시 30분 ~ 13시 30분

未時 13시 30분 ~ 15시 30분

申時 15시 30분 ~ 17시 30분

酉時 17시 30분 ~ 19시 30분

戌時 19시 30분 ~ 21시 30분

亥時 21시 30분 ~ 23시 30분

대운大運 정하는 법

1. 년간年干이 양陽인 남자와 음陰인 여자는 순운順運

   - 월주月柱 다음 간지干支로부터 앞으로(왼쪽으로) 순환
   - 생일 다음날부터 다음 절입일까지의 날짜수를 3으로 나누어
     사사오입

2. 년간年干이 음陰인 남자와 양陽인 여자는 역운逆運

   - 월주月柱의 전 간지干支로부터 뒤로(오른쪽으로) 역환
   - 생일 전날부터 지나온 절입일까지의 날짜수를 3으로 나누어
     사사오입

   * 절입일까지의 계산이 복잡하므로 서머타임까지 반영된 만세력을 활용하면
     편리하다.

생월 조견표

음력(월)	절기	갑·기년	을·경년	병·신년	정·임년	무·계년
1	입춘	丙寅	戊寅	庚寅	壬寅	甲寅
2	경칩	丁卯	己卯	辛卯	癸卯	乙卯
3	청명	戊辰	庚辰	壬辰	甲辰	丙辰
4	입하	己巳	辛巳	癸巳	乙巳	丁巳
5	망종	庚午	壬午	甲午	丙午	戊午
6	소서	辛未	癸未	乙未	丁未	己未
7	입추	壬申	甲申	丙申	戊申	庚申
8	백로	癸酉	乙酉	丁酉	己酉	辛酉
9	한로	甲戌	丙戌	戊戌	庚戌	壬戌
10	입동	乙亥	丁亥	己亥	辛亥	癸亥
11	대설	丙子	戊子	庚子	壬子	甲子
12	소한	丁丑	己丑	辛丑	癸丑	乙丑

생시 조견표

시간 \ 일간	甲, 己	乙, 庚	丙, 辛	丁, 壬	戊, 癸
00:30~01:30 朝子時	甲子	丙子	戊子	庚子	壬子
01:30~03:30	乙丑	丁丑	己丑	辛丑	癸丑
03:30~05:30	丙寅	戊寅	庚寅	壬寅	甲寅
05:30~07:30	丁卯	己卯	辛卯	癸卯	乙卯
07:30~09:30	戊辰	庚辰	壬辰	甲辰	丙辰
09:30~11:30	己巳	辛巳	癸巳	乙巳	丁巳
11:30~13:30	庚午	壬午	甲午	丙午	戊午
13:30~15:30	辛未	癸未	乙未	丁未	己未
15:30~17~30	壬申	甲申	丙申	戊申	庚申
17:30~19:30	癸酉	乙酉	丁酉	己酉	辛酉
19:30~21:30	甲戌	丙戌	戊戌	庚戌	壬戌
21:30~23:30	乙亥	丁亥	己亥	辛亥	癸亥
23:30~00:30 夜子時	丙子	戊子	庚子	壬子	甲子

예 1 2022년 6월 14일 (양) 15시 15분 (남)

68 58 48 38 28 18 8

癸 壬 辛 庚 己 戊 丁　　己 戊 丙 壬
丑 子 亥 戌 酉 申 未　　未 戌 午 寅

예 2 2022년 6월 14일 (양) 15시 15분 (여)

63 53 43 33 23 13 3

己 庚 辛 壬 癸 甲 乙　　己 戊 丙 壬
亥 子 丑 寅 卯 辰 巳　　未 戌 午 寅

예 3 2022년 2월 3일 (양) 23시 29분 (남)

60 50 40 30 20 10

乙 丙 丁 戊 己 庚　　辛 丁 辛 辛
未 申 酉 戌 亥 子　　亥 亥 丑 丑

예 4 2022년 2월 4일 (양) 05시 49분 (여)

51 41 31 21 11 1

丁 丙 乙 甲 癸 壬　　乙 戊 辛 辛
未 午 巳 辰 卯 寅　　卯 子 丑 丑

예 5 2022년 2월 4일 (양) 05시 51분 (남)

69 59 49 39 29 9

戊 丁 丙 乙 甲 癸   乙 戊 壬 壬

申 未 午 巳 辰 卯   卯 子 寅 寅

예 6 2022년 5월 8일 (음) 01시 24분 (여)

60 50 40 30 20 10

己 庚 辛 壬 癸 甲   丙 庚 乙 壬

亥 子 丑 寅 卯 辰   子 寅 巳 寅

예 7 2022년 5월 8일 (음) 01시 31분 (남)

60 50 40 30 20 10

壬 辛 庚 己 戊 丁   丁 庚 丙 壬

子 亥 戌 酉 申 未   丑 寅 午 寅

오행의 변화와 강약

오행의 변화는 일간에 영향을 준다. 오행의 변화가 강한가 약한가에 따라 일간의 마음과 성향이 달라지기 때문이다. 따라서 오행의 변화가 일간에게 어떤 영향을 주는지 알아보기로 하자.

1. 生(생)의 과다過多 : (비유하자면 어머니의 잔소리)

    木生火 이지만　木多火熄(목다화식) (꺼질 식)
    　　　　　　　　나무가 너무 많으면 불이 꺼지고
    火生土 이지만　火多土坼(화다토탁) (터질 탁, 갈라질 탁)
    　　　　　　　　불기운이 너무 강하면 흙이 터지고 갈라진다.
    土生金 이지만　土多埋金(토다매금) (묻을 매)
    　　　　　　　　흙이 너무 많으면 흙 속에 금이 묻히고
    金生水 이지만　金多水濁(금다수탁) (흐릴 탁)
    　　　　　　　　금이 너무 많으면 물이 흐려지고
    水生木 이지만　水多木漂(수다목표) (떠다닐 표)
    　　　　　　　　물이 너무 많으면 나무가 뿌리를 내리지 못하고
    　　　　　　　　떠다닌다.

　　甲丁甲癸　　　丁乙壬丁
　　　　　　辰卯寅卯　　　亥亥子亥

2. 洩(설)의 과다 : 빠져나가는 기운이 너무 많을 때
(비유하자면 자식이 너무 많을 때)

金生水 이나　水多金沈(수다금침) (잠길 침)

　　　　　　　물이 너무 많으면 금이 물속에 잠겨 버리고

水生木 이나　木多水縮(목다수축) (줄일 축, 모자랄 축)

　　　　　　　목이 너무 많으면 물을 모두 흡수하여 물이

　　　　　　　줄어든다.

木生火 이나　火多木焚(화다목분) (불사를 분)

　　　　　　　화가 너무 많으면 나무가 모두 타버린다.

火生土 이나　土多火晦(토다화회) (어두울 회, 감출 회)

　　　　　　　토가 너무 많으면 흙에 불빛이 가려지기 때문에

　　　　　　　어두워져서 불의 기능이 상실된다.

土生金 이나　金多土弱(금다토약) (약할 약)

　　　　　　　금이 너무 많으면 토가 금에 묻혀 토의 존재가

　　　　　　　없어진다.

　　庚甲丙壬　　　庚丁己癸
　　　　　　午戌午午　　　戌丑未丑

3. 財多身弱(재다신약) : 내가 극헨하는 오행이 많으면 극헨이 되지 않음

金剋木 이지만　木多金缺(목다금결) (이지러질 결)
　　　　　　　쇠가 나무를 잘라 버리기 때문에 극을 할 수 있지만
　　　　　　　너무 많은 나무를 자르게 되면 날이 이지러져서
　　　　　　　극을 할 수 없다는 의미이다.

木剋土 이지만　土多木折(토다목절) (꺾일 절)
　　　　　　　너무 많은 토를 극하다 보면 꺾이게 되고

土剋水 이지만　水多土流(수다토류) (흐를 류)
　　　　　　　물 세력이 많으면 흙이 떠내려가 버린다.

水剋火 이지만　火多水蒸(화다수증) (찔 증)
　　　　　　　불이 너무 강하면 물은 증발해 버리고

火剋金 이지만　金多火熄(금다화식) (꺼질 식)
　　　　　　　불이 약하고 쇠가 너무 크거나 강하면 불은 꺼져
　　　　　　　버린다.

4. 受剋過多(수극과다) : 극을 받는 형태가 너무 지나칠 때

약한 木이 金을 만나면 반드시 잘리게 되고
약한 火가 水를 만나면 반드시 꺼진다.
약한 土가 木을 만나면 반드시 갈라지고
약한 金이 火를 만나면 반드시 녹아 버린다.
약한 水가 土를 만나면 반드시 스며들어 버린다.

예	辛 甲 庚 癸	甲 戊 乙 癸
	未 申 申 巳	寅 寅 卯 卯

5. 太旺(태왕) : 아주 강할 때

강한 木이 火를 보면 기운이 빼어나고(좋아하고)
강한 火가 土를 보면 성질이 자애로워지며
강한 土가 金을 보면 고집이 없어지고
강한 金이 水를 보면 예리함이 없어지며
강한 水가 木을 보면 순해진다.

왕상휴수사 旺相休囚死

왕상휴수사란 일간이 어떤 계절에 태어났느냐에 따라 기운을 많이 받고 적게 받느냐를 나타내는 도표이다.

계절 \ 오행	木	火	土	金	水
봄(木)	旺(왕)	相(상)	死(사)	囚(수)	休(휴)
여름(火)	休(휴)	旺(왕)	相(상)	死(사)	囚(수)
사계절(土)	囚(수)	休(휴)	旺(왕)	相(상)	死(사)
가을(金)	死(사)	囚(수)	休(휴)	旺(왕)	相(상)
겨울(水)	相(상)	死(사)	囚(수)	休(휴)	旺(왕)

1) 旺(왕) : 각기의 오행이 본인과 같은 오행이거나 계절일 때
2) 相(상) : 각기의 오행이 나를 생生해 주는 오행일 때
3) 休(휴) : 내가 생生할 때
4) 囚(수) : 내가 극剋할 때
5) 死(사) : 나를 극剋할 때

* 고향을 지키는 사주 : 사주의 세력이 약하여 고향을 의지하고 산다.

* 고향을 등지는 사주 : 일간의 세력이 강하여 스스로 자립하는 사주

* 장남의 사주 : 일주日柱는 좀 약하고 인성印星이 월月이나 년年에서 생조해 주는 사주.
  차남이 이런 사주라면 장남 역할을 하게 된다.

통근법 通根法

　통근通根이란 지장간地藏干에 근거하여 뿌리가 되는, 즉 근원인 일간日干에게 가장 강한 영향을 미치는 지지오행地支五行을 말한다. 좌측이 강하고 점차 우측으로 갈수록 약해진다.

　목화토금수木火土金水의 통근은 다음과 같다.

　木의 통근 : 卯 子 亥 寅 辰 丑 未 申 午 巳 戌 酉

　火의 통근 : 午 卯 寅 巳 未 辰 戌 亥 酉 丑 申 子

　土의 통근 : 午 未 巳 戌 辰 丑 寅 申 亥 酉 子 卯

　金의 통근 : 酉 申 丑 戌 未 辰 巳 寅 亥 午 子 卯

　水의 통근 : 子 酉 申 亥 丑 巳 戌 辰 卯 寅 午 未

천간합_{天干合}

천간합이란 특정 글자(양의 천간 + 음의 천간)가 각각 한 글자씩 만나 새로운 오행을 만들어내는 것을 말한다.

이때 합合이란 서로 나란히 붙어서 좋아하고 세력과 힘을 합치는 것을 말한다. 그렇다고 화化하는 것은 아니다. 즉 연애하는 정도다.

이와 달리 합화合化란 두 오행이 나란히 붙어서 다른 오행으로 변화하는 것이다. 즉, 결혼하여 아기를 낳는 것에 비유할 수 있다.

예		
癸丁甲己	甲木은 戌土 위에 앉아서 通根(통근)치 못하고
卯酉戌未	己土는 未土 위에 앉아서 合化 土
癸丙己甲	甲木이 子水의 생조를 받으므로
巳子巳子	土로 化하지 않는다. 合의 개념만 갖는다. (연애)
丙己庚乙	乙木이 亥水의 생조를 받으므로
子巳辰亥	金으로 化하지 않는다.

1. 양간陽干이 음간陰干을 극剋하는 합合

　　甲己 合化 土
　　乙庚 合化 金
　　丙辛 合化 水
　　丁壬 合化 木
　　戊癸 合化 火

* 日干(일간)이 합하는 경우는 化氣格(화기격)에서 공부하기로 한다.

2. 삼합三合

앞서 삼합에 대해 공부하였으나 다음 반합이 성립되는지 여부를 알아보기 위해 다시 한번 정리하기로 한다. 마지막 '辰戌丑未 土'는 합이 아니다. 세로로 읽으면 충의 형태라는 것을 알 수 있다.

　　寅 午 戌　　　火
　　亥 卯 未　　　木
　　巳 酉 丑　　　金
　　申 子 辰　　　水
　　辰 戌 丑 未　土

반합半合의 성립 요건

앞쪽의 삼합三合에서 두 글자만 있으면 반합이 이루어진다 하지만 삼합의 중간 글자인 왕지旺支, 즉 자오묘유子午卯酉가 꼭 들어가야 반합이 성립된다. 왕지 자오묘유子午卯酉가 다른 한 글자와 짝을 이루어 꼭 나란히 붙어 있어야 한다.

참고로 삼합은 큰 기운, 반합은 작은 기운으로 이해하면 된다. 그리고 운에서 다른 글자가 들어와 충을 이루면 그 기운이 상쇄되고, 삼합으로 형성되는 글자가 오면 그 기운이 커지기도 한다.

또한 합과 충은 붙었다 떨어졌다 한다. 운에서 들어오는 글자의 작용으로 합의 기운과 작용이 변화할 수 있다.

예   午寅辰戌   **寅午**(인오) 반합 성립
   寅未子戌   반합이 안 됨
   辰申未子   반합이 안 됨
   酉午巳丑   반합이 안 됨
   巳午酉丑   **酉丑**(유축) 반합 성립

암합暗合

    겉으로 드러나지 않는 지장간의 합을 암합暗合이라고 한다. 은밀한 합, 비밀, 꿍꿍이를 일컫는다.

    사주에 목화木火의 기운이 부족한 사람도 속을 잘 드러내지 않는다. 암합으로 인해 일간日干이나 용신用神에 이롭게 작용하면 비밀의 원조자로 해석할 수 있다.

상충^{相沖}

상충은 안정적이지 못하고 바쁘며 흔들리는 현상을 말한다.

寅 申 巳 亥 : 생지충^{生支沖}이라고 하며, 아이들의 싸움 정도를 의미
한다.
서로 피해를 주며, 이사 등 주거 문제도 있고, 직업이
불안정함을 읽어 낸다.

子 午 卯 酉 : 왕지충^{旺支沖}이라고 하며, 불꽃 튀는 싸움을 의미한다.

辰 戌 丑 未 : 묘지충^{墓支沖}이라고 하며, 가장 심한 싸움을 의미한다.
흙들의 싸움이기에 지진, 변화, 이별, 이혼 등으로 풀이
할 수 있다.

팔자의 기준

다음은 일간^{日干} 사주 본인에게 가장 영향을 많이 미치는 순서이다.

1) 월지^{月支}

2) 일지^{日支}

3) 월간^{月干}

4) 시지^{時支}

5) 시간^{時干}

6) 년지^{年支}

7) 년간^{年干}

8) 대운^{大運}

9) 세운^{歲運}

* 월지는 다른 지지보다 2~3배의 힘을 가진다.

사주 형태와 상황에 따라 달리 해석할 수 있으나, 일반적으로 사주 주체자인 일간에게 힘이 되는 순서이다.

12운성運星

12운성이란 일간日干 사주 본인에게 얼마만큼의 영향력이 미치는지를 가늠하는 용어라고 이해하면 된다.

운성\일간	장생	목욕	관대	건록	제왕	쇠	병	사	묘	절	태	양
甲	亥	子	丑	寅	卯	辰	巳	午	未	申	酉	戌
乙	午	巳	辰	卯	寅	丑	子	亥	戌	酉	申	未
丙戊	寅	卯	辰	巳	午	未	申	酉	戌	亥	子	丑
丁己	酉	申	未	午	巳	辰	卯	寅	丑	子	亥	戌
庚	巳	午	未	申	酉	戌	亥	子	丑	寅	卯	辰
辛	子	亥	戌	酉	申	未	午	巳	辰	卯	寅	丑
壬	申	酉	戌	亥	子	丑	寅	卯	辰	巳	午	未
癸	卯	寅	丑	子	亥	戌	酉	申	未	午	巳	辰

1) 장생長生 : 세상에 태어나는 것

2) 목욕沐浴 : 태어나서 목욕하는 것

3) 관대冠帶 : 성장하여 결혼하는 것

4) 건록建祿 : 벼슬하여 녹봉을 받는 것

5) 제왕帝旺 : 인생 최절정의 권위나 부귀를 누리는 것

6) 쇠衰 : 인생 최절정에서 서서히 내리막길에 접어드는 것

7) 병病 : 인생에서 서서히 병들기 시작하는 것

8) 사死 : 병들어 죽는 것

9) 묘墓 : 흙에 매장되는 것(다음 세대를 위한 준비)

10) 절絶 : 세상과의 인연을 끊는 것

11) 태胎 : 새로운 인연을 위한 잉태

12) 양養 : 태胎 속에서 사람의 형체가 생기는 것

개코도 모르면 잠자코나 있지

숙종이 어느 날 잠행 중 수원성 고개 아래쪽 냇가를 지나는데, 허름한 행색의 시골 총각이 관 옆에서 슬피 울며 묫자리를 파고 있었다.

'아무리 가난하고 몰라도 유분수지 어찌 묘를 물이 나오는 곳에 쓰려고 하는가.' 이상하게 생각한 숙종은 무슨 연고가 있지 싶어 그 더벅머리 총각에게 다가가 물었다.

"여보게 총각, 이 관은 누구의 것이오?"

"제 어머님의 시신입니다."

"그런데 개울은 왜 파는고?"

숙종은 짐짓 알면서도 모르는 척 물었다.

"어머니 묘를 쓰려고 합니다."

미루어 짐작은 했지만 숙종은 어처구니가 없었다.

"이보게, 이렇게 물이 솟아나고 있는데 어찌 여기다 어머니 묘를 쓰려고 하는가?"

재차 다그쳐 물으니 그 총각이 힘없이 대답했다.

"저도 영문을 잘 모르겠습니다. 오늘 아침에 어머니께서 갑자기 돌아가셨는데 갈 처사라는 노인이 찾아와 저더러 불쌍타 하면서, 이리로 데리고 오더니 이 자리에 묘를 꼭 쓰라고 일러 주었습니다. 그분은 유명한 지관인데 저기 저 언덕 오막살이에서 혼자 살고 있습니다."

총각은 옷소매로 연신 눈물을 훔치며 자신의 곤혹스런 처지를 처음 보는 양반 나리에게 하소연하듯 늘어놓았다.

숙종이 가만히 듣자 하니 갈 처사라는 지관이 괘씸하기 짝이 없었다. 궁리 끝에 지니고 다니던 지필묵을 꺼내 몇 자 적었다.

"여기 일은 내가 보고 있을 터이니 이 서찰을 수원부로 가져가게. 수문장들이 성문을 가로막거든 이 서찰을 보여주게."

총각은 또 한 번 황당했다. 아침에는 어머님이 돌아가셨지, 유명한 지관이 냇가에 묘를 쓰라고 했지, 이번에는 웬 선비가 갑자기 나타나 수원부에 서찰을 전하라 하지…. 도무지 어느 장단에 발을 맞추어야 할지 모를 지경이었다.

그러나 총각은 그 양반의 말대로 수원부로 서둘러 갔다. 서찰에 적힌 내용은 다음과 같았다.

어명! 수원부사는 이 사람에게 당장 쌀 삼백 가마를 하사하고
좋은 터를 정해서 묘를 쓸 수 있도록 급히 조치하라.

수원부가 발칵 뒤집혔다. 총각도 비로소 그 양반이 임금이라는 것을 알고는 깜짝 놀랐다.

'아! 그분이 상감마마시라니…!'

총각은 하늘이 노래졌다. 다리가 사시나무 떨리듯 떨려 왔다. 냇가에서 어머니 시신을 지키고 서 있을 임금을 생각하니, 황송하기가 이루 말할 수 없었다. 기쁨보다는 두려움과 놀라움에 어쩔 줄 몰랐다.

한편 숙종은 총각이 수원부로 떠난 뒤, '갈 처사'라는 괘씸한 자를 단단히 혼내기 위해 총각이 가르쳐 준 대로 가파른 산마루를 향해 올라갔다. 갈 처사의 단칸 초막은 그야말로 볼품이 없었다.

"이리 오너라! 이리 오너라!"

한참 뒤, 안에서 말소리가 들려왔다.

"게 뉘시오?"

방문을 열며 시큰둥하게 손님을 맞는 주인은 영락없는 꼬질꼬질한 촌 노인네였다. 콧구멍만 한 작고 초라한 방이라 들어갈 자리도 없었다.

숙종은 그대로 문밖에 서서 물었다.

"나는 한양 사는 선비인데 그대가 갈 처사 맞소?"

"그렇소만 무슨 연유로 예까지 오셔서 나를 찾소?"

"오늘 아침 저 아래 상을 당한 총각더러 냇가에 묘를 쓰라 했소?"

"그렇소."

"듣자 하니 당신이 자리를 좀 본다는데 물이 펑펑 솟아나는 냇가에 묘를 쓰라니 당키나 한 말이오? 골탕을 먹이는 것도 유분수지 어찌 그럴 수가 있단 말이오?"

숙종은 참았던 감정이 격해져 목소리가 커졌다.

갈 처사 또한 촌노인이지만 낯선 손님이 찾아와 다짜고짜 목소리를 높이니 마음이 편치 않았다.

"선비란 양반이 개코도 모르면서 참견이야. 당신이 그 땅이 얼마나 좋은 명당 터인 줄 알기나 해?"

노인이 버럭 소리를 지르는 통에 숙종은 기가 막혔다.

'이놈이 감히 어느 안전이라고….'

숙종은 간신히 감정을 억누르고 말했다.

"저기가 어떻게 명당이란 말이요?"

"모르면 가만히나 있지. 이 양반아! 저기는 시체가 들어가기도 전에 쌀 300가마를 받는 명당이야. 시체가 들어가기도 전에 발복을 받는 자리인데 물이 있으면 어떻고 불이 있으면 어때? 개코도 모르면 잠자코나 있으시오."

숙종의 얼굴은 그만 새파랗게 질리고 말았다.

갈 처사 말대로 시체가 들어가기도 전에 총각은 쌀 300가마를 받고, 명당으로 옮겨 장사를 지낼 상황이 아닌가!

숙종은 갈 처사의 대갈일성에 얼마나 놀랐던지 자신도 모르게 목소리가 공손해졌다.

"영감님이 그렇게 잘 알면 저 아래 고래등 같은 집에서 떵떵거리고 살지 않고 왜 이런 산마루 오두막에서 산단 말이요?"

"이 양반이 아무것도 모르면 가만히나 있을 것이지 귀찮게 떠드네."

"아니 무슨 말씀인지…?"

숙종은 이제 주눅이 들어 있었다.

"저 아랫것들은 남 속이고 도둑질이나 해가지고 고래등 같은 기와집 가져 봐야 아무 소용이 없어. 그래도 여기는 임금이 찾아올 자리여. 지금은 비록 초라하지만 나랏님이 찾아올 명당이란 말일세."

숙종은 그만 정신을 잃을 뻔했다. 이런 신통한 사람을 일찍이 만나 본 적이 없었다. 마치 꿈속을 헤매고 있는 것 같았다.

"그렇다면 왕이 언제 찾아옵니까?"

"거 꽤나 귀찮게 물어 보네. 잠시 기다려 보오. 내가 재작년에 이 집을 지을 때 날 받아 놓은 것이 있는데. 가만… 어디에 있더라?"

그러더니 방 귀퉁이에 있는 보자기를 풀어서 종이 한 장을 꺼내 먼지를 털면서 들여다보고는 대경실색했다. 노인은 자리에서 벌떡 일어나더니 밖으로 나와 큰절을 올렸다. 종이에 적힌 시간이 바로 지금이었던 것이다. 임금을 알아본 것이다.

"여보게… 갈 처사 괜찮소이다. 대신 그 누구에게도 결코 말하지 마시오. 그리고 내가 죽은 뒤에 묻힐 자리 하나 잡아 주지 않겠소?"

"대왕님의 덕이 높으신데 제가 신하로서 자리 잡아 드리는 것은 무한한 영광이옵니다. 어느 분의 하명이신데 거역하겠사옵니까?"

그리하여 갈 처사가 잡아준 숙종의 왕릉이 지금 서울의 서북쪽 서오릉이다.

그 후 숙종이 갈 처사에게 3천 냥을 하사했으나 갈 처사는 노자로 30냥만 받아들고 홀연히 어디론가 떠나갔다는 이야기가 전해 오고 있다.

2

—

십신十神과 육친六親

십신과 육친 1

사주팔자에서 자신을 나타내는 글자를 일간日干이라 하는데, 일간을 기준으로 다른 일곱 개의 글자와 음양오행이 어떤 작용을 하는가에 따라서 상생·상극 및 육친의 관계를 분류한 것을 십신十神이라고 한다.

십신은 비견, 겁재, 식신, 상관, 편재, 정재, 편관, 정관, 편인, 정인 모두 10가지가 있다.

1) **비견**比肩 : 나(일간)와 같은 오행이면서 음陰, 양陽이 같은 것
            친한 형제자매, 친한 친구, 사이 좋은 동업자, (여)시아버지.
            일간에게 힘·에너지·자존심 역할을 하며, 비계산적이다.

2) **겁재**劫財 : 나(일간)와 같은 오행이면서 음陰, 양陽이 다른 것
            친하지 않은 형제자매, 라이벌 친구, (여)시아버지.
            열등감, 경쟁심, 나의 재물을 겁탈.
            도움을 주면 그에 상응하는 대가를 요구하는 등
            계산적이다.

戊土 일간에 운에서 己土, 未土, 丑土가 오면 가짜 겁재

己土 일간에 운에서 戊土, 戌土, 辰土가 오면 진짜 겁재

겁재는 겁탈하고 겁박한다는 뜻인데, 실질적으로 음의
오행이 양의 오행을 겁박하기는 역부족이기 때문이다.
하지만 대운·세운에서 천간·지지 한꺼번에 네 글자가
온다면 음의 오행이라도 겁재로 해석해야 한다.

3) 식신食神 : 내가(일간) 생生하면서 음陰, 양陽이 같은 것

배려심이 있으며, 베풀기를 좋아하고, 호기심, 능력, 재능,
연구, 사색, 정신적인 일, 정신적 활동력이 나온다.
여자 사주에서는 자식, 남자 사주에서는 장모가 해당된다.
사주에 식신이 여럿이거나 상관傷官과 혼재되어 있으면
상관의 개념이 나온다.

4) 상관傷官 : 내가(일간) 생生하면서 음陰, 양陽이 다른 것

배려심이 있으며, 베풀어 주고 칭찬받기를 원하는 등
생색 내기를 좋아한다. 일을 가리지 않으며, 신체적인 일,
신체적 활동력이 좋아 치어리더, 걸그룹 댄서와 같은
직업이 잘 맞는다. 승부 근성도 있어 운동선수들의 경우
상관의 기운이 많이 형성되어 있다. 표현력과 활동성이
좋으며, 화려함을 추구한다.
정관 및 편관을 상하게 한다고 하여 상관이라고 한다.
정관 및 편관은 법·질서·윤리도덕·예의범절에 해당
하는데, 이를 지키려 하지 않기 때문이다.

자유분방하고, 융통성이 있으며, 아이디어가 풍부하다.

여자 사주에서는 자식, 남자 사주에서는 장모가 해당된다.

5) 편재偏財 : 내가(일간) 극剋하면서 음陰, 양陽이 같은 것

물질·재물이 해당되나 내 것이라 정해져 있지 않고 경쟁을 통해 취하는 재물이다. 즉 힘과 순발력이 있는 자만이 취할 수 있는, 임자 없는 공중에 떠 있는 큰 재물*이다. 예를 들어 복권, 경마, 주식 등이 편재의 재물에 해당된다.

남자 사주에서는 정이 없는(사이가 좋지 않은) 아내, 사이가 좋지 않은 여자나 애인, 정을 못 느끼는 부친, 여자 사주에서는 불만족스러운 시어머니가 이에 해당된다.

* 음이 음의 편재를 취하는 것보다 양이 양의 편재를 취하는 것이 큰 재물이라고 유추할 수 있다.

6) 정재正財 : 내가(일간) 극剋하면서 음陰, 양陽이 다른 것

편재와 달리 남은 못 가져가고 나 자신만 소유할 수 있는 안정되고 공식화된 재물이다. 예를 들어 월급, 임대료, 유산 등이다.

남자 사주에서는 정이 깊고 사랑하는 아내, 정이 깊은 여자, 정을 느끼는 부친, 여자 사주에서는 사이 좋은 시어머니가 이에 해당된다.

사주에 정재가 여럿이거나 편재와 혼재되어 있으면 편재성 성향이 나온다.

예 戊土 일간에 癸水나 子水가 오면 진짜 정재
己土 일간에 壬水나 亥水가 오면 가짜 정재

정재란 일간이 포근하게 감싸주고 보호해 주며, 안정감·신뢰감·믿음직함을 주어야 하나 음 일간일 때 양의 정재는 그런 마음이 안 들기 때문이다.

7) 편관偏官 : 나(일간)를 극剋하면서 음陰, 양陽이 같은 것

관료(공무원), 직업, 취업, 합격, 인사발령 등 명예운에 해당한다. 법, 질서, 윤리, 예의, 정도正道, 원칙과 격식을 중시하는 마음이 나온다. 편관의 편偏자가 치우칠 편이기 때문에 이런 마음들이 지나칠 정도로 나온다고 볼 수 있다. 그로 인해 융통성이 부족하고 지나치게 원칙적일 수 있으며, 화가 나면 포악성이 나오기도 한다.

일반 행정직 이외의 공무원이 적합하다. 즉 경찰, 군인, 법원직, 검찰직, 소방직, 교정직, 기술직, 기능직, 교육직 등이 잘 맞는다.

여자 사주에서는 정이 없고 사려 깊지 못한 남편, 남자 사주에서는 자식이 해당된다.

8) 정관正官 : 나(일간)를 극剋하면서 음陰, 양陽이 다른 것

관료(공무원), 직업, 취업, 합격, 인사발령 등 명예운에 해당한다. 법, 질서, 윤리, 예의, 정도, 원칙과 격식을 중시하는 마음이 나오며, 편관과 달리 매우 합리적이다.

원칙적이긴 하지만 적절히 균형을 갖춘 마음이 나온다. 일반 행정직 공무원이 잘 맞는다.

여자 사주에서는 정이 깊고 사랑하는 남편, 남자 사주에서는 자식이 이에 해당된다.

사주에 정관이 여럿이거나 편관과 혼재되어 있으면 편관의 기질이 나온다.

예 戊土 일간에 乙木이나 卯木이 오면 가짜 정관
己土 일간에 甲木이나 寅木이 오면 진짜 정관

정관은 일간에게 포근함·안정감·믿음직함·듬직함을 주어야 하나, 양 일간일 때 음의 정관은 그러한 안정감과 듬직한 마음이 나오지 않기 때문이다.

9) **편인**偏印 : 나(일간)를 생生하면서 음陰, 양陽이 같은 것

협조자, 협력자, 조력자, 대화가 되는 사람, 코드가 맞는 사람, 의식주, 인덕, 계약, 특별한 공부운에 해당한다. 특별한 공부라 함은 교과서 이외의 취미 생활이나 특기, 자격증 공부처럼 특정 분야의 공부나 예술·철학 같은 고독한 학문을 말한다.

잔정이 없고 무뚝뚝해 정이 안 가는 어머니, 사이가 안 좋은 계모, 별로 만나고 싶지 않은 이모, 여자 사주에서 때로는 사위가 이에 해당된다.

10) **정인**正印 : 나(일간)를 생生하면서 음陰, 양陽이 다른 것

협조자, 협력자, 조력자, 대화가 되는 사람, 코드가 맞는 사람, 의식주, 인덕, 계약, 인정, 포근함, 안정, 여유, 정통성이 있고 교과서적인 학문에 해당한다.

정이 깊고 자식을 위해 최선을 다하는 어머니, 보고 싶은 이모, 여자 사주에서 때로는 사위가 이에 해당된다.

사주에 정인이 여럿이거나 편인과 혼재되어 있으면 편인의 성향이 나온다.

예 戊土가 丁火나 午火를 만나면 진짜 정인

己土가 丙火나 巳火를 만나면 가짜 정인

정인은 포근함, 여유, 나에게 안정감을 주는 오행이며 어머니이다. 어머니는 여자이므로 음의 오행이어야 한다. 음의 오행에서 포근함, 아늑함, 자상함이 더 나오기 때문이다.

- 비견比肩과 겁재劫財를 묶어서 비겁比劫이라 하며
- 식신食神과 상관傷官을 묶어서 식상食傷이라 한다.
- 편재偏財와 정재正財를 묶어서 재성財星이라 하고
- 편관偏官과 정관正官을 묶어서 관성官星이라 하며
- 편인偏印과 정인正印을 묶어서 인성印星이라고 한다.

십신과 육친 공부를 '명리학의 꽃'이라고 한다. 그만큼 중요하고 오묘한 맛이 나는 공부이기 때문이다. 또한 사주풀이를 할 때 적용해야 할 범위가 매우 광범위하다.

십신과 육친 2

앞에서 십신과 육친에 대해 공부했는데, 이번에는 좀 더 깊이 들어가 공부해 보기로 하자.

1. 비견比肩 : 나와 같은 오행이면서 음양이 같은 것

1) 고집이 세고 타인과 잘 화합하지 못하므로 고독한 면이 있으며, 이기적이다. 능동적이고 마음이 곧으며 솔직담백하고 자존심이 강하다.

2) 비견이 기신忌神이면 형제간에 불화하며 초년에 고난이 많다.

3) 일지日支 비견이 기신忌神이면 부부간 불화하며 동업, 공동사업, 타인과의 금융거래에서 불리하다.

4) 비견이 기신忌神이면 부모 재산을 탕진하고, 주색酒色으로 아내와 재물을 잃게 되며, 형제자매와 불화하게 된다.

5) 비견이 태왕太旺하고 관살官殺이 없으면 성질이 난폭하다.

6) 여자 사주에 비견이 기신忌神이면 색色을 밝히고, 가정불화가 있으며, 독신이 되기 쉽다.

7) 비견이 많으면 독립적인 사업이 길하다(의사, 기사, 변호사, 자영업, 자유
   업종). 독선이 나올 수 있기 때문이다.

2. 겁재劫財 : 나와 같은 오행이면서 음양이 다른 것

1) 겁재의 특성은 교만·불손하고, 투쟁심이 강하며, 요행을 좋아
   한다.
2) 겁재가 많아 기신忌神인데 편인偏印이 있으면 교만·불손의
   마음이 더욱 심하다.
3) 겁재가 많아도 정관正官이 있으면 난폭한 성질은 많이 억제되며
   고매한 인품으로 전환될 수 있다.
4) 비겁이 사주에 3개 이상이면 공동사업 및 금융거래도 불리하다.
5) 일지日支 겁재가 기신忌神이면 부부간 불화한다.
6) 년주年柱 겁재가 용신用神이면 조부모가 부유하다.
7) 월주月柱 겁재가 용신用神이면 부모 덕이 있다.
8) 일지日支 겁재가 용신用神이면 배우자 덕이 있다.
9) 시주時柱 겁재가 용신用神이면 노년에 자식으로 인하여 힘이
   생기고 자존심을 회복한다.

3. 식신食神 : 내가 생生하면서 음양이 같은 것

1) 자식 또는 손자를 의미하며, 가재家財나 신체, 식성 등의 풍부함
   을 의미한다(활동하는 만큼 먹을 것이 생긴다).
2) 식신이 너무 많으면 우유부단하여 큰 사업이나 큰일을 못하며,
   풍류를 좋아하고 색정色情이 강하다.

3) 비겁比劫을 만나면 이 같은 특성이 더욱 강해지고, 인성印星을 만나면 억제된다.

4) 식신이 너무 많으면 설기洩氣가 심해 자식복이 없다.

5) 여자 사주에 식신이 너무 많으면 과부가 되거나 전문직에 종사하며, 독신 여성이 되기 쉽다.

6) 식신이 많고 인성印星이 부족하면 신체가 허약하다.

7) 월지月支 위주로 사주에 많을 때 남녀 모두 자식복이 없고 부부애도 없다. 낭비벽이 심하고 호색가, 풍류 기질이 있으며, 법·질서·정도正道를 지키려 하지 않을 수도 있다.

8) 월주月柱 식신이 길신吉神이면 신체 건강하고 식성도 좋다.

9) 일지日支 식신이 길신이면 배우자 덕이 있으며, 배우자 건강도 좋다.

10) 시주時柱 식신이 길신이면 자식 덕이 있어 효자 자식을 둔다.

4. 상관傷官 : 내가 생生하면서 음양이 다른 것

1) 상관이 태왕太旺하면 자식복이 없으며, 신약사주에 상관이 강하면 팔자가 험하다.

2) 상관이 많은 여성은 직업을 전전하고 육체노동을 하기 쉽다.

3) 상관이 용신用神이면 예술계·종교계 등에서 뛰어난 활동을 한다.

4) 상관이 기신忌神이면 자식이 불효하며 연이 없다.

5) 상관은 관성官星을 상하게 하는 기운으로 법과 정도正道를 지키려 하지 않으며, 타인의 충언도 듣기 싫어한다.

6) 상관이 기신忌神이면 구설수에 휘말릴 수 있으며, 기분파(허영과 허풍이 있는)이다. 남을 무시하는 태도도 있고 주색을 밝힌다.

7) 상관이 월주月柱 위주로 사주에 많으면 자녀를 극剋하고, 직업이 자주 바뀌는 등 안정된 직장을 갖지 못할 수 있다.

5. 편재偏財 : 내가 극剋하면서 음양이 같은 것

1) 재성財星이 강하고 일간이 약하면 재물을 감당할 능력이 부족한 것이므로 활동은 많으나 정작 취할 수 있는 재물이 없고, 이성 문제로 본분을 망각하며 왕旺한 재財를 다스리지 못해 사기꾼이 되기도 한다.
2) 자성自性이 담백하여 수식과 허식이 없다.
3) 신강사주身强四柱에 용신用神이면 재물복이 많다.
4) 신강사주 일지日支에 편재偏財가 있고 용신用神이면 처복·재물복 이 있다.
5) 편재偏財가 많고 신약사주身弱四柱이면 빈곤하다.
6) 시주時柱에 편재偏財가 기신忌神이면 자녀로 인해 근심거리가 생길 수 있다.

6. 정재正財 : 내가 극剋하면서 음양이 다른 것

1) 사주에 정재正財가 많아 신약사주이면 공처가이기 쉽다.
2) 사주에 정재가 많아 정재가 기신忌神이면 조실부모할 수 있으며, 또한 인색해질 수 있다.
3) 정재가 기신忌神이고 도화살桃花殺과 합이 되면 아내가 음란할 수 있다.
4) 여자 신약사주에 식상食傷이 있고 정재正財가 태왕太旺하면 음란 하며, 전문직 여성이 될 수도 있다.

5) 일지日支 정재가 용신이면 아내가 인자하고 청순·정직하며 성실하고 알뜰하다(현모양처).

6) 정재가 용신用神이고 일지日支에도 희신喜神이면 처복·재물복이 많다.

7) 남자 사주는 정재가 용신이 되는 것이 제일 귀하다.

8) 정재는 근면성실하고 신뢰감이 있으며, 절약 정신이 강하다. 한편 다른 각도로 생각하면 인색함을 의미하기도 한다.

7. 편관偏官 : 나를 극剋하면서 음양이 같은 것

편관을 '칠살七殺'이라고도 하며, 천간·지지 모두 나로부터 일곱 번째에 해당하는 글자이다. 예를 들어 천간은 갑甲··· 경庚, 지지는 자子··· 오午를 말하며, 칠살은 가난, 전쟁, 질병, 화난, 수난 등을 의미한다.

1) 편관偏官의 특성은 완강하고 투쟁을 좋아해 주로 군인·검찰·경찰·법무직 등 법을 관장하는 사람들의 사주에 많다.

2) 편관과 식상食傷이 동시에 왕旺하고 신강사주이면 대부귀大富貴한 사주이다.

3) 반대로 편관, 식상이 동시에 왕성한데 신약사주이면 극빈하거나 요절할 수도 있다.

4) 년주年柱 편관 용신 : 조부모가 높은 벼슬

5) 월주月柱 편관 용신 : 부모가 고위직

6) 일지日支 편관 기신 : 처(배우자)의 성질이 난폭하고, 언쟁 및 심한 불화를 겪을 수 있다.

8. 정관正官 : 나를 극克하면서 음양이 다른 것

1) 사주에 정관正官이 많아 신약이면 일생이 곤궁하다.
2) 정관이 용신用神이고 재성財星이 생生해 주면 높은 벼슬에 오른다.
3) 여자 사주에 정관이 용신用神이면 제일 귀하다.
4) 여자 사주에 정관正官, 편관偏官이 없으면 독수공방한다.
5) 일지日支 정관 용신이면 배우자 덕이 있고, 성격도 명랑하고 합리적이며 가정이 화목하다.
6) 정관은 본직, 공직, 품행 단정, 용모 수려, 장남 명예를 의미한다.
7) 정관이 월지月支 위주로 많으면 남자는 번듯한 직업이 없어 생활고로 힘들어하며, 여자는 일부종사를 못 한다.
8) 여자 사주에 정관이 극파되면 직장 및 남편에게 화가 발생하고, 남자 사주는 자식에게도 화가 발생할 수 있다.

9. 편인偏印 : 나를 생生하면서 음양이 같은 것

1) 사주에 편인偏印이 많고 기신忌神이면 파재, 병고, 이별, 고독, 박명, 색난色難 등을 당한다.
2) 편인이 기신忌神이면 유시무종, 표리부동, 일관성 결여 등이 있을 수 있다.
3) 편인이 용신用神이면 다양한 취미로 종교인, 예술인, 창조적 일을 잘할 수 있다.
4) 화火, 토土가 편인偏印이고 용신用神이면 화술話術의 대가이며 잡기에도 능하다.

10. 정인正印 : 나를 생生하면서 음양이 다른 것

1) 정인正印이 용신用神이면 지혜롭고, 어학을 잘하며, 성질이 온후하고 합리적이며, 재물보다 명예를 중시한다.
2) 정인正印이 용신用神이면 유복하다.
3) 식상食傷이 용신用神인데 정인正印 대운大運을 만나면 사업이 불안해지고 도산하기 쉽다.

위에서 말한 내용은 일반적인 것이며, 일간이 어떤 계절에 어떤 오행이며 일간이 추구하는 마음이 어디인가 또는 무엇인가에 따라서 많이 달라질 수 있다는 것을 참고하기 바란다.

십신 연구

십신과 육친에 대해 지금까지 공부했지만, 십신은 중요한 공부이므로 좀 더 깊이 들어가 보기로 하자.

1. 비견比肩

자존심, 추진력, 자립심, 지도력 등을 의미한다. 매사에 돌파력이 있고, 새로운 일에 대한 의욕이 대단하다. 속박을 싫어하며, 협동심과 양보심이 부족하고, 허식이 없다.

1) 비견이 왕旺하면 강한 추진력과 독선으로 모함과 시기, 질투가 있을 수 있고 고립되기 쉽다.
2) 재산 낭비가 심하다.
3) 비견이 왕하면 배우자를 무시하는 경향으로 인해 부부간 갈등이 있고, 부모형제 간에도 경제적(유산) 문제로 갈등이 생길 수 있다.
4) 부모에게 의지하지 않고 자수성가한다(일찍 고향을 등지는 사주).
5) 철저한 금전 관리 및 부모·형제·아내와의 관계 정립을 우선시해야 하며, 주변 동료들과의 관계를 원만히 해야 한다.

2. 겁재劫財

형제·동료가 나의 재물을 겁탈한다는 뜻이다. 겁재의 성향은 비견과 비슷하다.

1) 남의 일에 간섭을 잘하며 낭비벽이 심하다.
2) 투기적 성격이 강해서 한탕주의로 성공하는 경우도 있으나 속성 속패하는 경우가 대부분이다.
3) 도발적이고 잔인하며 자기중심적 성향이므로 타인의 신용을 얻기 위해 노력해야 한다.
4) 호색가 기질이 농후하므로 부부 관계 및 애정 문제를 조심하고 금전관리를 잘해야 하며, 동업은 금물이다,

3. 식신食神

일, 내향적(정신적) 활동력, 배려, 베풂을 의미한다. 안정적이며 낙천적이고 호기심이 강하다. 배려심이 많아 경쟁심, 투쟁심, 또는 자기 주장이 강하지 않을 수도 있다. 그로 인해 타인의 호감(인기)을 얻는다. 식신이 많으면(신약사주) 독립성이 결여되어 타인과의 관계를 중시하기에 의외로 동업으로 성공할 수 있다.

1) 정이 많은 편이며, 경제적 낭비도 있고, 색정 문제가 발생할 수 있다.
2) 이성 문제를 조심해야 한다(특히 여명의 경우).
3) 식신이 왕하면 어느 한 곳에 집중을 못해 직업이 안정되지 못할 수 있으므로 자기 자신을 잘 관리해야 한다.

4) 식신이 왕하면 의식주 문제, 직업, 건강관리에 유의해야 한다.

5) 식신이 왕하면 여명은 남편복이나 덕이 없어(사별, 이별, 독수공방) 결국 본인이 일해서 돈을 벌어야 하는 운명이다.

6) 식신이 왕하면 상관적 의미를 갖는다.

4. 상관傷官

정관正官(법, 정도)을 극하여 상관이라고 한다. 외향적 활동을 추구하며, 대인지향적이고 다재다능하다. 표현력과 사교술이 좋고, 신체활동력도 뛰어나다.

1) 상대방의 마음을 읽는 기민한 감각이 있으며, 신체는 단단하고 유연성이 있다.

2) 법·질서·규정·윤리도덕을 지키려 하지 않으며, 남에게 속박당하는 것을 싫어한다.

3) 상관이 흉신이면 사회적 반항아의 특성과 난폭성이 있으며, 총명성에 비해 투쟁적이고 과격하며 안하무인의 태도를 보인다.

4) 상관이 흉신이면 지나치게 계산적인 행동이 나올 수 있고, 자기중심적이 될 수 있다.

5) 상관이 흉신이면 어느 하나를 깊이 파고들지 못한다.

6) 여명은 남편을 존중하기보다는 일이나 자식에게 마음을 더 쓴다.

7) 여명은 남편에게 의존하거나 의지할 수 없는 팔자이므로 스스로 인생을 개척해야 한다.

5. 편재偏財

중인衆人의 재물을 뜻한다. 편재란 공중에 떠 있는, 임자 없는 큰 재물이기에 힘과 순발력이 있는 자만이 취할 수 있다. 민첩하고 순발력이 뛰어나며 성정이 담백하다. 큰돈을 노리는 투기성이 강하고, 풍류 기질이 있으며, 타인과의 교제에 능하고, 통 큰 사업가 기질이 있다.

1) 재물에 대한 집착이 강하나 계산적이지 못하고 절약성이 부족하다.
2) 바람기가 있어 연애결혼이 유력하며, 금전 지출이 잦기 때문에 돈 관리를 잘해야 한다.
3) 신강일 때 너무 무리하게 추진하다 실패할 수 있으므로 완급 조절이 필요하며, 남자는 여난 우려가 있으므로 관계 정립이 필요하다.
4) 여자는 식상, 재성이 어우러져 있으면 남편을 먹여 살려야 하는 팔자이다.

6. 정재正財

남들은 못 가져가는 본인의 확실한 재물을 뜻한다. 순박한 노력형의 직장인이나 사업가가 되기 쉽다. 고지식하며, 재물 관리가 철저하다.

1) 두둑한 배짱·배포가 없고 고지식하기 때문에 금전 융통이 어렵다.
2) 투기성과는 거리가 멀기 때문에 계획적인 삶이 필요하다.

3) 성실에 바탕한 안정적 사업(자영업)이나 은행원 또는 회사의 경리 같은 분야가 적격이다.

4) 정재가 너무 많으면 편재적 성향이 나올 수 있으며, 남자는 여자를 조심해야 한다.

7. 편관偏官

관官을 의미하기도 하지만 나(日干)를 극한다. 여자 사주에서는 사려 깊지 못한 남편을 의미한다.

1) 편관이 왕하면 성향이 과격해지며 포악성이 나온다.

2) 지나친 추진력으로 주변 사람들에게 피해를 주기도 하며, 상대의 감정을 무시하는 경향이 있다.

3) 호의나 자비심이 없지만 용맹스러운 돌진성으로 성공할 수도 있다.

4) 가정적이지 못하므로 가정 문제에 신경써야 하며, 폭력성· 포악성·잔인성을 잘 조절해야 한다.

8. 정관正官

법, 질서, 규정, 윤리도덕, 예의 등으로 일간을 억제한다. 원칙적인 행동이나 생각으로 규율에서 일탈하는 것을 막는 중요한 작용을 한다.

1) 근면·성실·정직을 바탕으로 하는 정통 행정 관료의 표상이다.

2) 합리적이고 정 있는 직장 상사, 또는 여자 사주에서는 사려 깊은 남편을 의미한다.

3) 명예나 신용을 중시하고, 공평무사한 관료의 기질을 지니고
   있으나 지나치게 보수적이고 융통성이 부족하다.
4) 정관이 너무 많으면 편관적 성향이 나온다.

9. 편인偏印

나를 도와주는 세력, 특별한 공부, 의식주 등을 뜻하나 왕하면
유시무종有始無終, 표리부동表裏不同할 수도 있다.

1) 편인이 왕하면 말의 시작과 끝이 다르고 행동의 일관성이 없다.
2) 우유부단하고 생각이 깊어 고독하게 될 수 있다.
3) 다양한 취미 활동을 할 수 있으며, 종교, 예술, 창의적 직업이
   잘 맞는다.
4) 편인이 많으면 기행적일 수 있으며, 특별한 재능으로 명성을
   얻을 수 있으나 고독할 수 있다.
5) 자유업, 독창적인 직업이 어울리며, 일반적이고 보편적인 생각
   보다는 기이한 발상을 잘할 수 있다.

10. 정인正印

나를 생生해 주는 오행으로 포근한 마음, 정통 학문, 의식주 등을
뜻하며, 정통적 학자의 이미지가 있다.

1) 명예를 중시하고 육체적 일에는 부적합하며, 인자하지만 고독
   하다.
2) 정인이 많으면 부모와 인연이 박하고 편인의 성향이 나온다.

3) 타인과의 협동심을 길러야 하며, 사회적 변동에 둔감하므로 사회성을 길러야 한다.

4) 정인 용신에 역마살이면 유학을 갈 수 있다.

深   根   枝   綠

(깊을 심)   (뿌리 근)   (가지 지)   (푸를 록)

뿌리가 깊으면 가지가 무성하다

　명리학 공부도 차근차근 기초부터 충실히 해나갈 때 내공이 깊은 고수에 이를 수 있다.

曲   學   阿   世

(굽을 곡)   (배울 학)   (언덕 아)   (세상 세)

왜곡된 학문으로 세상에 아첨하다

　명리학을 어설프게 공부하여 세상을 혼란스럽게 어지럽히는 자들이 많은 것 같다. 왜곡된 학문으로 세상을 어지럽히면 안 될 것이다.

3

—

용신用神과 격국格局

용신用神

　용신用神이란 사주 주최자인 일간日干이 꼭 필요로 하는 기운(글자)이며, 중화中和를 이루기 위한 기운이므로 사주팔자 내에서 선택한다. 사주 형태에 따라 팔자 내에 적절한 기운이 없다면 지장간에서도 선택할 수 있다. 억부용신抑扶用神, 조후용신調侯用神, 병약용신病藥用神, 통관용신通關用神 등이 있다.

1. 정격사주正格四柱

　억부용신抑扶用神 : 강한 기운을 누르고(누를 억抑) 약한 기운을 도와주는(도울 부扶) 용신이다. 관성官星 · 식상食傷 · 재성財星으로 덜어 주고(빼낼 설洩), 비견比肩 · 겁재劫財 · 인성印星으로 약한 기운을 도와주는 용신법이다.

2. 강자(강한 기운)와 약자(약한 기운) 구분법

1) 득령得令 여부 : 월지月支가 힘이 되는 비겁比劫, 인성印星으로 되어
   있으면 득령得令하였다고 한다.
2) 득지得支 여부 : 일지日支가 힘이 되는 비겁比劫, 인성印星으로 되어
   있으면 득지得支하였다고 한다.
3) 득세得勢 여부 : 힘이 되는 비겁比劫, 인성印星의 세력이 월지月支,
   일지日支를 비롯해 어느 정도 장악하고 있는지에
   따라 신강사주인지 신약사주인지를 판별한다.

여기서 월령月令, 즉 월지月支는 계절을 의미한다.

* 사주팔자를 잘 해석하기 위해서는 여덟 글자가 중화를 어떻게 이루었는가를
  따져 보고, 신강이면 덜어 주고 신약이면 보강해 주어 중화를 이루게 해야 한다.
  따라서 제일 좋은 사주는 중화된 사주이다. 중화된 사주를 귀격사주貴格四柱라고
  한다.

신강사주·신약사주의 용신

1. 신강사주의 용신

사주가 강하여 신강으로 이루어졌다면 균형과 조화를 이루게 하기
위하여 다음과 같은 방법을 쓸 수 있다.

1) 식상食傷으로 설洩하는 방법
2) 재성財星으로 기운을 빼는 방법
3) 관성官星으로 극헨하는 방법

2. 신약사주의 용신

1) 인성印星을 사용하여 강强하게 도와준다.
2) 비겁比劫을 사용하여 강强하게 도와준다.

조후용신調侯用神

조후용신이란 사주가 너무 덥거나 추울 때 균형을 맞춰 주는 것이다.

1) 사주가 너무 열조熱燥하면, 즉 계절적으로 월지月支가 더운 사오미
   巳午未월이라면 한습寒濕한 오행인 수水가 용신
2) 사주가 너무 한습하면 즉 계절적으로 월지月支가 추운 해자축亥子丑
   월이라면 열조熱燥한 오행인 화火가 용신

가장 많이 쓰이는 억부용신抑扶用神으로 용신을 세웠다 해도 다시
조후용신으로 검토하여 적합한 용신을 세우도록 한다.

또한 용신을 정하긴 하되 사주에 따라 용신과 전혀 관계 없는 풀이가
되는 사주 형태도 많이 있으니, 용신에 너무 비중을 두어 풀이하는
것은 옳은 방법이 아닐 수 있다.

위에서 공부한 억부용신과 조후용신법이 오늘날에는 절대적으로
사용되고 있지만, 이외에 병약용신病藥用神과 통관용신通關用神이 있다는
것도 알아두자.

병약용신病藥用神과 통관용신通關用神

1. 병약용신

병약용신이란 용신을 극하는 글자를 곧 병으로 보고, 약이 되는 글자를 찾아 균형과 조화를 이루게 해주는 용신법이다.

1) 병이 가장 힘이 강한 월령을 차지하고 있을 때를 가장 중병으로 보며
2) 일간에게 해를 끼치는 흉신의 세력이 너무 강하면 병으로 본다.

2. 통관용신

두 가지 오행이 서로 대립할 때 두 오행을 통관(연결)시켜 주는 오행이 용신이 되는데, 이때의 용신을 통관용신이라고 한다.

병약용신법과 통관용신법은 거의 사용하지 않는 용신법이다.

내격^{內格} 사주와 외격^{外格} 사주

사주 형태는 내격과 외격으로 구분할 수 있다. 내격 사주는 일반적인 사주 형태를 말하고, 외격 사주는 일반적인 사주 형태를 벗어나는, 즉 강한 기운만 뭉쳐 있거나 또는 약한 기운만 너무 많은 사주를 말한다.

1) 내격內格을 정격正格이라고 하며, 신강·신약을 판별하여 억부법抑扶法으로 용신을 정한다.

2) 외격外格을 편격偏格이라고 하며, 전왕법專旺法과 특별법特別法이 있다.

전왕용신專旺用神

외격 사주일 때 그 사주의 강한 세력(기운)을 어쩔 수 없이 쫓아가는 용신법을 전왕용신專旺用神이라고 한다.

從格(종격) : 종왕격從旺格 일간日干과 같은 오행이 아주 많을 때

종강격從强格 일간을 생生해 주는 오행이 아주 많을 때

종아격從兒格 일간이 생生해 주는 오행이 아주 많을 때

종재격從財格 일간이 극剋하는 오행이 아주 많을 때

종관성격從官星格 일간을 극剋하는 오행이 아주 많을 때

위는 모두 강한 세력을 종從하는, 즉 쫓아가는 용신법임을 알 수 있다.

화기격 化氣格

일간日干이 합合이 되어 화化한 오행으로 변화하고 그 세력이 많을 때 그 자체를 용신으로 정한다.

1) 일간이 甲己合에 土가 많을 때 : 化土格(화토격)
2) 일간이 乙庚合에 金이 많을 때 : 化金格(화금격)
3) 일간이 丙辛合에 水가 많을 때 : 化水格(화수격)
4) 일간이 丁壬合에 木이 많을 때 : 化木格(화목격)
5) 일간이 戊癸合에 火가 많을 때 : 化火格(화화격)

일행득기격—行得氣格

여덟 글자가 일간과 거의 같은 오행으로만 이루어진 사주팔자 형태를 말한다. 즉, 종왕격과 비슷한 사주팔자 형태로 생각하면 된다.

1) 木日干이 거의 木만 있는 사주팔자 : 曲直格(곡직격)
2) 火日干이 거의 火만 있는 사주팔자 : 炎上格(염상격)
3) 土日干이 거의 土만 있는 사주팔자 : 稼穡格(가색격)
4) 金日干이 거의 金만 있는 사주팔자 : 從革格(종혁격)
5) 水日干이 거의 水만 있는 사주팔자 : 潤下格(윤하격)

종격從格 성립 요건

1) 從旺格(종왕격) : 사주 형태가 거의 일간과 같은 오행으로 이루어져 있어야 하며, 식상食傷이 없어야 한다.

甲 庚 甲 乙

申 申 申 酉

2) 從强格(종강격) : 거의 인성印星으로 이루어져 있어야 한다.

辛 壬 庚 癸

丑 申 申 酉

비겁比劫이 섞여 있으면 종강왕격從强旺格이 된다.
인성印星이 힘이 강한 월月을 장악하면 종강격從强格
비겁比劫이 힘이 강한 월月을 장악하면 종왕격從旺格

3) 從兒格(종아격) : 식상食傷**이 아주 많을 때**

종아從兒를 할 때는 인성印星이 없어야 한다.

비겁比劫은 무근無根으로 천간天干에 노출되는 것은
상관없다.

종아從兒를 할 때는 재성財星이 있는 것이 사주의
격格이 높다. 이 재성財星은 기신忌神 인성印星이 오면
극剋을 해주기 때문이다.

$$戊\ 癸\ 壬\ 丁 \qquad 甲\ 癸\ 癸\ 丁$$
$$午\ 卯\ 寅\ 卯 \qquad 寅\ 卯\ 卯\ 卯$$

4) 從財格(종재격) : 재성財星**이 아주 많을 때**

종재從財를 할 때는 식상食傷과 인성印星의 태도를 본다.

이왕 종재從財를 할 바에는 인성印星(뿌리)이 없어야
미련 없이 종從하므로 격이 높다.

또한 식상食傷(자식)이 있으면 종從을 하더라도 자연
스럽게 할 수 있으므로 격이 높다.

그러나 비겁比劫이 있으면 종從을 할 때 마음이 편치
않으므로 격이 떨어진다.

丙 壬 丙 丁   乙 壬 丙 丁
午 午 午 酉   巳 午 午 卯

(酉金의 뿌리 때문에 (食傷이 있어 더 부드럽게)
從을 해도 마음이 편치 않음)

5) **從官星格**(종관성격) : 관官이 아주 많을 때

일간日干에게 힘이 되어 주는 인성印星이나 비겁
比劫이 없고 일간日干을 극헌하는 관성官星으로만
구성되었을 때 그 세력으로 따라간다.

甲 戊 乙 癸
寅 寅 卯 卯

합화격合化格 성립 요건

　　일간이 좋아하는 기운과 합이 되어 전혀 다른 기운으로 변해 버리는 현상을 합화격合化格이라고 한다. 즉 좋아서 합의 개념만 갖는, 이를테면 연애만 하는 합이 있고, 합을 하여 전혀 다른 기운으로 변하는, 예를 들면 좋아서 결혼하고 아이까지 낳는 합이 있는데 이를 합화合化라고 한다. 합화격 성립 요건은 다음과 같다.

　　1) 일간日干이 합合이 될 것
　　2) 월지月支가 화化한 오행으로 되어 있을 것
　　3) 화化한 오행의 기운이 천간에 투출되어 있을 것
　　4) 화化한 오행의 세력이 강한 오행으로 형성될 것
　　5) 화기化氣한 오행을 극剋하는 오행이 없을 것

化土格(화토격)	化金格(화금격)	化水格(화수격)
己 甲 壬 戊	戊 乙 庚 戊	癸 丙 辛 壬
巳 辰 戌 辰	寅 丑 申 辰	亥 子 亥 子

가화격假化格

가화격假化格이란 일간에게 힘이 약하게 미치는 뿌리를 두고 현 상황에서 어쩔 수 없이 거짓으로 화化하는 경우를 말한다. 거짓으로 화化했다가 언젠가 운에서 자기 세력이 오면 화化하지 않는다.

己甲丙己

巳辰子巳

甲己 合을 하여 土로 化하긴 하였으나 子水의 뿌리가 있어 운에서 壬寅운이 온다면 甲木 일간은 土로 化하지 않고 홀로서기를 할 것이다.

진용신 眞用神

아래 사항들이 충족되고 팔자 내에 용신이 존재하여 용신을 세울 수 있는 것을 진용신이라고 한다.

1) 인성印星이 많아 신강이면 재財가 용신
2) 비겁比劫이 많아 신강이면 관官이 용신
3) 식상食傷이 많아 신약이면 인성印星이 용신
4) 재성財星이 많아 신약이면 비겁比劫이 용신
5) 관성官星이 많아 신약이면 인성印星이 용신
6) 신왕身旺 강왕强旺이면 식상食傷이 용신
7) 신왕身旺에 재財, 관官이 무력하면 식食, 상傷이 용신

가용신假用神

진용신이 없을 때 다른 기운을 임시로(가짜로) 세워 놓는 용신법이다. 언젠가 일간이 필요로 하는 진정한 글자(기운)가 오면 운(삶)이 좋아진다.

비比, 겁劫이 많아 신강일 때 관官이 용신이 되어야 하는데 사주 내에 없다면 재財나 식食, 상傷이 용신이 된다.

丙 壬 辛 戊
午 申 酉 申

인성이 많아 신강
용신 : 재성 (진용신)

壬 戊 丙 戊
子 戌 辰 辰

비겁이 많아 신강이기 때문에 관으로 억제하든지
식상으로 유출시켜야 하나 진용신이 없다.
용신 : 재성 (가용신)

길신과 흉신의 적용 범위

1) 용신用神 : 사주팔자 중에서 중화中和를 이루기 위해 가장 필요한
오행, 즉 일간日干이 필요로 하는 오행
2) 희신喜神 : 용신을 도와주거나 일간日干을 도와주는 오행
3) 기신忌神 : 용신을 극剋하는 오행
4) 구신仇神 : 희신喜神을 극剋하거나 기신忌神을 도와주는 오행
5) 한신閑神 : 길흉과 관계 없는 오행

* 위와 같이 구분하지만 획일적으로 구분하기는 어렵다.
* 한신閑神은 운運 또는 합合, 충沖 관계에 따라 변화한다.
* 월간月干의 인성印星이 용신用神일 때는 공식적으로 관성官星이 희신喜神이 된다.
* 용신用神은 힘이 강하고 우뚝 솟아 있으며, 일간 옆에 붙어 있어야 하고 일간에게
꼭 필요한 오행이어야 한다.

己 戊 丙 戊
亥 申 辰 午

위 사주의 용신, 희신, 기신, 구신, 한신과 길신, 흉신을 정해 보기로 한다.
辰月의 戊土로서 陽干(양간)이며 得令(득령)을 하였고 得勢(득세)도 하여
身强四柱(신강사주)로 분류할 수 있다.

用神(용신) : 金 食傷(식상)
喜神(희신) : 水 財星(재성)
忌神(기신) : 火 印星(인성)
仇神(구신) : 土 比肩(비견)
閑神(한신) : 木 官星(관성)

吉神(길신) : 金 食傷(식상) 水 財星(재성)
凶神(흉신) : 火 印星(인성) 土 比肩(비견)

戊 戊 辛 癸
午 申 酉 亥

위 사주는 酉月의 戊土로서 陽干(양간)이긴 하나 得令(득령)과 得支(득지)가
안 되고 得勢(득세)도 안 되어 身弱四柱(신약사주)로 분류된다.

用神(용신) : 火 印星(인성)
喜神(희신) : 土 比劫(비겁)
忌神(기신) : 水 財星(재성)
仇神(구신) : 木 官星(관성)
閑神(한신) : 金 食傷(식상)

吉神(길신) : 火 印星(인성) 土 比劫(비겁)
凶身(흉신) : 水 財星(재성) 木 官星(관성).

丙戊丙甲
辰申子午

위 사주는 戊土 일간으로 陽干이고 子月生으로 힘이 강한 月支, 日支가 힘이 되지 못하고 있다. 즉 得令(득령)과 得支(득지)가 안 된 사주이다. 印星(인성)이 3개, 比肩(비견)이 1개로 得勢(득세)는 했다고 볼 수 있다.

하지만 힘이 강한 득령과 득지를 못하고 일간의 기운이 소진되는 申子辰 (신자진) 財星(재성) 三合(삼합)으로 인해 신약사주로 판단할 수 있다.

또 조후용신법으로 판단해도 추운 겨울 子月 출생이기에 印星(인성)인 火가 용신이다.

用神(용신) : 火 印星(인성)
喜神(희신) : 木 官星(관성)
忌神(기신) : 水 財星(재성)
仇神(구신) : 金 食傷(식상)
閑神(한신) : 土 比劫(비겁)

吉神(길신) : 印星(인성) 火 官星(관성) 木
凶神(흉신) : 財星(재성) 水 食傷(식상) 金

月干의 丙火가 用神(용신)이기에 자동적으로 喜神(희신)은 官星(관성)인 木이 된다.

위와 같이 정할 수 있으나, 사주를 보면 子月 한겨울이라 땅에 곡식을 심어 먹을 수 없고, 풀과 나무가 자랄 수 없는 꽁꽁 언 땅이기에 불이 필요하다는 걸 느낄 수 있다.

지금까지 용신 공부를 하였으나 사주를 분석하다 보면 사주 형태에 따라 용신과 관계없이 용신을 버리고 풀이해야 하는 경우가 얼마든지 있기에 용신에 지나치게 의존하는 것은 바람직하지 않다.

격국格局

격格이라 함은 짜여진 틀을 말한다.

사주에서 월지月支의 정기가 천간天干에 투출되어 있으면 그 정기에 해당하는 십신十神에 따라 격국格局을 정한다.

甲丁庚癸
辰卯申亥
　　戊
　　壬
　　庚 (정기) : 正財格(정재격). 재물에 대하여 분명하며 계산이
　　　　　　정확하다. 일확천금은 금물이며, 온후독실하고
　　　　　　행동이 방정하다.

辛 丁 戊 丁
丑 未 申 卯

戊 (여기) : **傷官格**(상관격). 예능 계통에 능하고, 종교,
　　　　교육사업이 이상적이다. 성품은 헌신적이며,
壬　　　지혜롭고 박식하다, 선견지명이 있고, 기술
　　　　계통 능력도 탁월하다.
庚

　　　　정기인 庚金이 天干에 투출하지 못했고 여기인
　　　　戊土가 月干에 투출되었기에 상관격이 된다.

丙 乙 丙 甲
戌 卯 寅 辰

戊

丙 (중기) : **傷官格**(상관격). 중기인 병화가 투출하므로
　　　　상관격이 된다.
甲　　　참고로 月支가 比(비), 劫(겁)일 경우에는 격이
　　　　성립하지 않는다.

己 壬 戊 己
酉 辰 辰 未

乙

癸

戊 (정기) : **偏官格**(편관격). 군인, 경찰, 법 관련 분야가 유망

乙 己 戊 戊
亥 酉 午 午

丙

己　(중기) : 己土는 비견이므로 격이 불성립.
　　이때는 정기 丁火를 선택하여 격이 성립한다.
丁　偏印格(편인격). 명랑하고 재주가 뛰어나며
　　임기응변에 능하다.

甲 己 丁 甲
子 丑 卯 子

甲　(여기) : 正官格(정관격). 말과 행동이 방정하고 신용 철저

乙

위와 같이 격국을 공부했는데 격格에 지나치게 의존하여 풀이해서는 안 된다. 용신 또는 격국보다 더 중요한 것이 오행의 마음이다. 즉, 나(일간)는 몇 월에 태어난 어떤 오행인가, 그리고 일지日支에 어떤 십신이 자리하는가를 면밀히 분석하는 것이 무엇보다 중요하다.

율곡 이이와 역학

조선 중기의 학자이자 정치가인 율곡 이이는 유학자이면서도 역학에 통달하였다. 특히 임진왜란이 일어날 것을 예언하고 그에 대비하여 10만 양병설을 주장한 일은 유명한데, 선조와 대신들의 반대로 채택되지 못했다.

한편, 이이는 임진강이 굽어다보이는 강가의 벼랑에 지어진 화석정 기둥과 서까래 등에 수시로 송진과 들기름칠을 해두었다.

임진왜란이 일어나 선조가 왜군을 피해 의주로 몽진을 하는데 캄캄한 야밤에 임진강을 건너게 되었다. 비까지 내려 사방이 전혀 보이지 않아 고심하던 차에, 도승지였던 백사 이항복이 화석정을 생각해 내고 정자에 불을 질러 주변을 밝혀 선조 일행이 무사히 임진강을 건넜다는 일화가 전해진다.

뿐만 아니라 병조판서로 있을 때는 이순신을 보고 앞으로 나라를 구할 인물이니 조정에 등용할 것을 류성룡에게 천거하기도 했다.

한편 이이는 앞일을 내다보고 집안 사람들에게 닥칠 불상사를 우려하여 매사 조심하도록 했다.

어느 날 이이가 "오늘은 인운(人運)이 불길하니 집에 있는 사람들은 모두 밖으로 나가지 말라"고 일렀다. 가족과 하인들에 이르기까지 모두 대문을 걸어 잠그고 문밖 출입을 삼가고 있는데, 이웃집 아이가 몰래 집에 들어와 안에 있는 아이들과 함께 놀다 큰일이 벌어졌다.

아이가 감나무에 올라가 감을 따려다 방문이 열리는 소리에 깜짝 놀라 나무에서 떨어졌는데, 그만 숨을 거두고 만 것이다. 아이의 부모는 순식간에 아이를 잃고 슬픔이 컸지만 양반집에서 일어난 일이라 어떻게 항의하지도 못하고 아이의 장례를 치러야 했다.

그런가 하면 이런 일도 있었다. 자신의 7대손에게 생길 일을 미리 알고 그것을 예방한 일이다.

이이가 죽음을 앞둔 어느 날, 아들을 불러 석함을 건네주며 "내가 죽고 난 다음 7대손에게 위험이 미치면 이 함을 열어 보게 하라"고 유언을 남겼다.

세월이 흘러 이이의 7대손이 죄를 짓고 포도청에 끌려가게 되었다. 문득 7대조 할아버지의 유언이 생각난 그는 유언대로 석함을 들고 나섰다.

원님 앞에 꿇어앉은 7대손이 석함을 열려고 하니 원님이 그것이 무엇이냐고 물었다. 그러자 이이의 7대손은 자신의 7대조 할아버지인 이이가 물려준 것이라고 대답하였다.

이에 원님은 "그렇게 고명하신 분의 유물이라면 내가 한번 열어 보겠다"면서 자신에게 석함을 가져오라고 명했다. 그러자 7대손은 "아무리 내가 죄인으로 이곳까지 끌려와 꿇어앉아 있지만 7대조 할아버지의 유물이니 원님은 일어서서 받으시오"라고 말했다.

그 말이 일리 있다고 생각한 원님이 일어서서 7대손이 앉아 있는 자리로 몇 발짝 가고 있는데, 원님이 앉아 있던 자리의 대들보가 갑자기 무너졌다. 원님이 석함을 열어 보니 "내가 너의 목숨을 살려 주니 너도 나의 7대손을 살려 주기 바란다"는 글귀가 씌어 있었다고 한다.

4

—

각종 사주 분석과
신살편

조화 및 정신기精神氣

　목화토금수木火土金水 오행이 골고루 있고, 균형과 조화를 이루는
사주가 좋은 사주이다. 조화를 이루는 사주는 정신기精神氣가 맑고 물
흐르듯 기복 없이 순조롭게 흐르는 것을 알 수 있다.

　정신기 사주가 좋으려면 생조生助와 억제가 좋아야 한다.

- 精(정) : 인성印星
- 神(신) : 재성財星 관성官星
- 氣(기) : 비견比肩 겁재劫財

壬 戊 丙 戊

子 申 辰 午

위 사주는 모 그룹 회장의 사주로 신강왕(身强旺) 사주에 금수(金水)가 길신
(吉神)이며, 丙午 火가 戊辰 土를 生하여 사주가 물 흐르듯 유통된다.
또한 生하는 印星(인성)과 동시에 比劫(비겁)이 旺(왕)하고 洩(설)하는 食神
(식신) 財星(재성)도 旺(왕)하여 精神氣(정신기) 세 가지가 모두 충만하여 큰
재물을 관장할 수 있는 사주이다.

빈부 사주

1. 종신부자終身富者의 사주 : 재기통문財氣通門한 사주

1) 신강사주에 재성財星이 왕성하고 용신이며 식상食傷이 용신을 생生
   하는 식신생재격食神生財格으로 형성된 사주
2) 신왕사주에 재財가 용신이고 왕旺하며 관살官殺이 있어 신왕 기운을
   억제하고 재財를 보호할 때
3) 신왕사주에 재성財星과 인성印星이 없고 식상食傷이 왕旺할 때
4) 그러나 사주의 조화, 조후, 정신기, 그리고 대운에 따라 부자의
   차이가 있다.

丙壬庚辛

午寅子亥

신왕사주에 食神(식신) 寅木(인목)이 財(재)와 잘 유통시켜 주어 시주에 있는
재를 마음껏 취할 수 있다.

癸 戊 丙 丁

亥 申 午 巳

신강사주에 식신 신금이 財(재)와 잘 유통시켜 주어 시주에 있는 재를 마음껏 취할 수 있다.

재물이 많은 부자의 사주는,

1) 재물을 담을 수 있는 그릇 크기의 용량이 되어야 한다(약간의 신강 사주).

2) 재물과 연결시켜 주는 고리 역할을 하는 식상食傷(즉 일, 활동력)이 반드시 있어야 한다.

3) 재물이 시주 쪽에 크게 있어야 한다.

4) 재물이 천간·지지와 함께할 경우 시너지 효과가 크다고 할 수 있다.

5) 재물은 천간의 재물보다는 지지의 재물이 축적되고 모아진다.

   천간은 정신·기氣·마음 같은 것을 의미하기에 천간의 재물은 들어왔다 나간다고 볼 수 있다. 기적氣的이기에 증발할 수 있기 때문이다. 반면 지지는 실질적·현실적이기에 증발하지 않는다.

2. 종신빈자終身貧者의 사주

1) 신약사주인데 식상食傷이 왕하고 재성財星도 왕할 때
2) 신약사주인데 재성財星은 경미하고 관살官殺이 태왕할 때
3) 신약사주인데 인성印星이 경미하고 식상食傷이 태왕할 때
4) 비겁比劫이 왕旺한 사주인데 재성財星이 경미하고 식상食傷이 없을 때
5) 신약사주에 재성財星이 왕하고 관살官殺이 일간을 극헀할 때
6) 사주 원국이 조화가 안 이루어지거나 조후가 매우 흉할 때
7) 용신이 상충相沖을 당하여 미약할 때
8) 대운이 기신忌神 운일 때

丙 壬 壬 壬　　　연해자평의 거지 사주
午 子 子 子　　　群比爭財(군비쟁재)

戊 丙 庚 庚　　　일간은 미약한데
子 戌 辰 申　　　식상·재성이 너무 왕함

3. 선부후빈先富後貧 : 초년 대운은 길하나 말년 대운이 불길

庚 庚 甲 丁　　辛 庚 己 戊 丁 丙 乙　　신강사주 용신 年柱의 丁巳 火
辰 辰 辰 巳　　亥 戌 酉 申 未 午 巳　　木火 운은 길. 土金水 운은 흉

(여자 사주)

4. 선빈후부先貧後富 사주

丙丙癸丙　庚己戊丁丙乙甲　　土金水 운 : 길
申午巳午　子亥戌酉申未午　　木　火 운 : 흉

(남자 사주)

5. 관운官運이 있는 사주

庚甲乙癸　신강사주로 時干(시간) 庚金이 용신
午辰卯卯　日支 辰土가 관성 庚金을 生助(생조)

⋯⋯⋯⋯⋯⋯⋯⋯⋯⋯⋯⋯⋯⋯⋯⋯⋯⋯⋯⋯⋯⋯⋯⋯⋯⋯⋯

戊庚辛丁　　癸甲乙丙丁戊己庚
寅申亥巳　　卯辰巳午未申酉戌

- 박정희 전 대통령 사주

庚金 일간이 한습한 亥月에 태어나 조후로 보아 火가 필요하고, 또한 辛申金과 戊土가 생조하고 年支의 巳 중 지장간에 庚金이 자리하므로 신강사주로서 왕한 金을 억제하기 위해서도 火가 용신, 木은 희신, 土金水는 흉신으로 초년은 불우한 군생활, 丁未 대운부터 진급, 丙午 대운 5·16 성공.

* 지지에 寅 申 巳 亥 사생지(四生支)가 다 있으면 귀격사주(貴格四柱)

6. 관운이 없는 사주

1) 신약사주에 재성財星과 관성官星이 왕旺하고 인성印星이 없다.

2) 신왕사주에 식상食傷이 왕하고 관성官星이 미약할 때

3) 관성官星은 미약하고 인성印星이 왕旺하여 관성官星의 기운을 유출
   시킬 때

4) 대운大運이 기신忌神 운일 때

戊 丙 癸 癸   官星(관성)이 吉神(길신)이어야 하나
子 午 亥 丑   官星(관성) 水가 忌神(기신)이다.

乙 甲 甲 庚   庚 己 戊 丁 丙 乙   관성인 金이 용신
亥 寅 申 子   寅 丑 子 亥 戌 酉   하지만 대운이 기신운

갈등의 유래

葛　　藤
(칡 갈)　　(등나무 등)

갈등의 갈葛은 덩굴식물인 칡을, 등藤은 등나무 덩굴을 말한다. 칡의 줄기는 왼쪽에서 오른쪽으로, 등나무 줄기는 오른쪽에서 왼쪽으로 감아 올라가 함께 심으면 서로 얽혀 좀처럼 풀 수 없는 상태가 된다. 여기서 유래해 사람 사이의 관계나 일이 까다롭게 얽힌 것을 갈등葛藤이라고 한다. 그래서 예로부터 집안에 칡나무와 등나무를 함께 심지 않는다는 전통이 이어지고 있다.

사람 사는 곳에는 어디든 이러한 갈등이 도사리고 있다. 고부간의 갈등, 부부간의 갈등, 부자간의 갈등, 형제간의 갈등, 친구 간의 갈등을 비롯해 사회적 갈등, 정치적 갈등, 이념적 갈등, 국제적 갈등 등 수없이 많은 갈등 속에 우리는 놓여 있다. 이러한 갈등을 얼마나 최소화하느냐에 따라 삶의 질이나 행복지수가 높아질 수 있다.

우리가 지금 공부하는 사주명리학을 통해 조금이나마 갈등이 해소되어 더 나은 삶, 더 나은 사회가 되면 좋을 것이다.

신살편神煞編

신살神煞은 두 천간·지지 간의 특수한 관계를 말한다. 신神은 일간에 이롭게 작용하는 길신으로 해당 육친과 연이 있다. 반면 살殺은 일간에 흉하게 작용하는 흉신을 의미하며, 해당 육친과 연이 없다.

신살을 공부하되 참고로 할 뿐, 너무 신살에 의존해서는 안 된다. 몇 가지 빼고는 모두 버려도 된다. 사주명리학을 일각에서 학문이 아닌 미신으로 치부하는 것도 신살 때문이 아닌가 조심스럽게 생각해 본다.

도화살과 역마살

도화살(桃花殺)		역마살(驛馬殺)	
日支 혹은 年支	해당 지지	日支	해당 지지
亥卯未	子	亥卯未	巳
寅午戌	卯	寅午戌	申
巳酉丑	午	巳酉丑	亥
申子辰	酉	申子辰	寅
삼합(三合) 첫 글자의 다음 글자		삼합의 첫 글자와 충(沖)하는 글자	

    과거에는 도화살을 안 좋은 살殺로 풀이하였으나, 현대에 와서는 도화기桃花氣라고 하여 여성적 매력을 뜻하면서 적절한 도화기는 매우 중요하고 좋은 의미로 쓰인다. 연예인에게 도화기가 많으며, 뛰어난 미모의 여성에게 있는 글자이다.

    도화의 기운이 가장 큰 순서는 '자子 유酉 묘卯 오午'이다.

역마살 역시 과거에는 좋지 않은 살殺로 풀이하였으나, 현대에는 역마기驛馬氣라고 하여 활동력을 나타내면서 적절한 역마기는 매우 중요하고 좋은 의미로 쓰인다. 활동량이 많은 유통업이나 무역업 관련 사업으로 세계 여러 나라를 돌아다녀야 하는 사업가에게 꼭 필요한 기운이다.

공망살_{空亡殺}

공망살은 공치고 망한다는 뜻이다. 한마디로 헛수고한다는 것이다. 아래 표와 같이 천간 10글자, 지지 12글자 중 천간과 지지가 각각 짝을 이루고 남는 지지의 두 글자가 공망이 된다.

육순	해당 간지	공망
甲子	甲子, 乙丑, 丙寅, 丁卯, 戊辰, 己巳, 庚午, 辛未, 壬申, 癸酉	戌亥
甲戌	甲戌, 乙亥, 丙子, 丁丑, 戊寅, 己卯, 庚辰, 辛巳, 壬午, 癸未	辛酉
甲申	甲申, 乙酉, 丙戌, 丁亥, 戊子, 己丑, 庚寅, 辛卯, 壬辰, 癸巳	午未
甲午	甲午, 乙未, 丙申, 丁酉, 戊戌, 己亥, 庚子, 辛丑, 壬寅, 癸卯	辰巳
甲辰	甲辰, 乙巳, 丙午, 丁未, 戊申, 己酉, 庚戌, 辛亥, 壬子, 癸丑	寅卯
甲寅	甲寅, 乙卯, 丙辰, 丁巳, 戊午, 己未, 庚申, 辛酉, 壬戌, 癸亥	子丑

甲乙丙丁戊己庚辛壬癸
子丑寅卯辰巳午未申酉　戌亥

여기서는 술해_{戌亥}가 공망이 된다.

1) 비겁공망 : 형제가 무력하고 형제간 우애가 부족하다.

2) 식상공망 : 남자는 의식衣食이 불편하고, 여자는 자식과 인연이 별로
　　　　　　　없다.

3) 재성공망 : 남자는 배우자 덕이 부족하고 재물이 부자연스럽다.

4) 관성공망 : 남자는 자식과 인연이 박하고, 여자는 남편 덕이 부족
　　　　　　　하다.

5) 인성공망 : 부모가 무력하고 부모 덕이 약하다.

십이신살十二神殺

십이신살은 12개의 신살을 말하는 것으로 겁살, 재살, 천살, 지살, 년살, 월살, 망신살, 장성살, 반안살, 역마살, 육해살, 화개살을 말한다 (년지 중심 일지 참고).

년지 일지 \ 신살	겁	재	천	지	년	월	망신	장성	반안	역마	육해	화개
寅午戌	亥	子	丑	寅	卯	辰	巳	午	未	申	酉	戌
巳酉丑	寅	卯	辰	巳	午	未	申	酉	戌	亥	子	丑
申子辰	巳	午	未	申	酉	戌	亥	子	丑	寅	卯	辰
亥卯未	申	酉	戌	亥	子	丑	寅	卯	辰	巳	午	未

1) 겁살劫殺 : 겁탈, 속성속패. 비겁이 왕한 사주는 부상, 산재사고 조심
2) 재살災殺 : 수옥살과 같은 살로 납치·감금 등이 있을 수 있으며, 상관이나 재살이 왕하면 의미가 가중된다.

3) 천살天殺 : 불의의 재난을 당하거나 하던 일이 중단될 수 있다.

4) 지살地殺 : 이동, 변동, 타향살이, 이민, 동분서주, 움직임, 활동력이 많아진다.

5) 년살年殺 : 도화와 같은 의미가 있으며 심하면 주색잡기, 색난 등에 빠질 수 있다.

6) 월살月殺 : 고초살이라고도 하며 고갈, 패배, 어떤 일이 용두사미가 될 수 있다.

7) 망신살亡身殺 : 망신, 실패, 색난, 정치적 암투, 속성속패 등이 있을 수 있다.

8) 장성살將星殺 : 승진, 번영. 삼합의 가운데 글자가 재성과 동주하면 재정권을 쥐게 되며, 관성과 동주하면 관직으로 나아간다.

9) 반안살攀安殺 : 출세와 승진, 번창이 있다.

10) 역마살驛馬殺 : 변동, 이동, 해외 출입, 동분서주 등이 따른다.

11) 육해살六害殺 : 해침을 당하거나 하던 일이 중단될 수 있으며, 간질병에 걸릴 수도 있다.

12) 화개살華蓋殺 : 명예, 고독, 학문, 기예, 종교에 심취할 수 있다.

수옥살囚獄殺

　수옥살은 투옥·감금·납치의 살로, 한마디로 감옥 가는 살이다. 검찰·
경찰 등 수사기관에 종사하면 흉이 길로 변한다고 한다.

　년지 중심이며, 삼합의 왕지와 충沖하는 글자이다.

년지	寅午戌	巳酉丑	申子辰	亥卯未
수옥	子	卯	午	酉

양인살羊刃殺

　양인羊刃은 칼을 가지고 양의 목을 친다는 뜻으로, 양인이 주관하는 기운은 형벌과 관계되는 살이다. 강렬·횡포·성급·조급함을 가진 기운으로 양인이 많으면 풍파가 많다.

　강렬한 기운이기 때문에 용신일 때 때로는 열사나 영웅이 되는 수도 있으며, 무관으로 출세할 수도 있다.

　그러나 셋 이상이면 장님, 벙어리가 되기 쉽다.

　신약사주에 적절히 양인의 기운이 미치면 흉이 길이 될 수도 있다.

　양인살은 방합에서 생지生支만 해당이 안 된다.

일간	甲	乙	丙	丁	戊	己	庚	辛	壬	癸
양인	卯	辰	午	未	午	未	酉	戌	子	丑

괴강살魁罡殺

　괴강魁罡은 많은 사람을 제압하는 강렬한 살로, 용모는 좋으나 고집이 세다. 여자의 경우, 자기주장이 강하여 부부 화합을 이루지 못하고 과부가 되거나 병으로 불행해질 수 있다.

　庚辰(경진) : 살생
　庚戌(경술) : 폭력
　壬辰(임진) : 사업 실패
　戊戌(무술) : 고집으로 재앙

백호살白虎殺

백호살은 비명횡사하는 흉살로, 교통사고·산재사고 등을 의미하며,
해당 육친도 참고한다.

甲 戊 丙 壬 乙 丁 癸
辰 辰 戌 戌 未 丑 丑

갑진甲辰, 무진戊辰, 병진丙辰, 임술壬戌 이 네 가지 백호는 실전에서
많이 발생하는 것이므로 잘 공부해 두어야 한다.

삼형살三刑殺

삼형살은 축술미丑戌未, 인사신寅巳申 두 가지이다.

삼형살이 있는 경우, 법과 관련된 문제가 빈번하게 발생할 수 있다. 법과 관련된 문제란 크게 소송, 교도소 생활 등이 있지만 작게는 교통위반, 주차위반 범칙금도 해당할 수 있다.

그러나 법과 관련된 직업에 종사하면 흉이 오히려 길이 될 수도 있다.

길신吉神

(일간 기준)

日干	甲	乙	丙	丁	戊	己	庚	辛	壬	癸
천을귀인	丑,未	子,申	亥,酉	亥,酉	丑,未	子,申	丑,未	午,寅	巳,卯	巳,卯
학당귀인	亥	午	寅	酉	寅	酉	巳	子	申	卯
문창귀인	巳	午	申	酉	申	酉	亥	子	寅	卯
문곡귀인	亥	子	寅	卯	寅	卯	巳	午	申	酉
관귀학관	巳	巳	申	申	亥	亥	寅	寅	申	申
금여록	辰	巳	未	申	未	申	戌	亥	丑	寅

1) 천을귀인 : 최고의 길성으로 지혜롭고 총명하며, 흉이 길해진다.

　　　　　다른 길신吉神과 만나거나 합이 되면 사회적 발전을
　　　　　이루거나 형벌을 면할 수 있다. 또한 성격이 활발하고
　　　　　대인관계가 좋다.

　　　　　형, 충, 파, 해, 공망이 되면 길한 의미가 없어진다.

160

2) 학당귀인 : 총명하며 학문적 발전을 쉽게 이룬다.

3) 문창귀인 : 학업·연구에 종사하고, 총명하며 창조적이다.

4) 문곡귀인 : 총명하며 학문적 발달을 쉽게 이룬다(학당귀인과 동일).

5) 관귀학관 : 관운이 좋다.

6) 금 여 록 : 황금가마(수레)를 뜻한다. 배우자 운이 좋으며,
　　　　　　주변 사람들에게 신망이 높다.

(월지 기준)

월지	寅	卯	辰	巳	午	未	申	酉	戌	亥	子	丑
천덕귀인	丁	申	壬	辛	亥	甲	癸	寅	丙	乙	巳	庚
월덕귀인	丙	甲	壬	庚	丙	甲	壬	庚	丙	甲	壬	庚
진 신	甲,子	甲,子	甲,子	甲,午	甲,午	甲,午	己,卯	己,卯	己,卯	己,酉	己,酉	己,酉
천사성	戊寅	戊寅	戊寅	甲午	甲午	甲午	戊申	戊申	戊申	甲子	甲子	甲子
활인성	丑	卯	卯	辰	巳	巳	未	申	酉	戌	亥	子

1) 천덕귀인 : 하늘이 인간에게 은혜를 베푼다는 의미가 있다.
　　　　　　천우신조天佑神助, 조상의 음덕. 길한 의미는 크게 하고
　　　　　　흉한 의미는 줄여 주는 수호신이다.
　　　　　　천덕귀인의 날은 새로운 일, 이사, 개업, 결혼 등을 하기
　　　　　　좋은 길일이다.

2) 월덕귀인 : 땅의 도움, 조상의 음덕.
　　　　　　여자 사주에 천·월덕이 모두 있으면 산액이 없다.

3) 진   신 : 일을 추진하는 과정에서 막힘이 없고 원활하다.

4) 천 사 성 : 큰 재난이나 질병이 없고 복록福祿이 많다(결혼사일로 적절).

5) 활 인 성 : 사람의 질병과 고통을 없애 준다(의료업에 종사하면 길함).

흉신凶神

(년지 기준)

年支	子	丑	寅	卯	辰	巳	午	未	申	酉	戌	亥
고신살	寅	寅	巳	巳	巳	申	申	申	亥	亥	亥	寅
과숙살	戌	戌	丑	丑	丑	辰	辰	辰	未	未	未	戌
원진살	未	午	酉	申	亥	戌	丑	子	卯	寅	巳	辰
귀문관살	酉	午	未	申	亥	戌	丑	寅	卯	子	巳	辰

1) 고 신 살 : 상처살, 부부운이 좋지 못함을 의미한다.

2) 과 숙 살 : 과부가 되는 살

3) 원 진 살 : 충 전후 일위를 말한다. 즉 부딪치고 나서 싫어지게 됨을 뜻하며, 원진이 있으면 용모가 불량하고 음성이 탁하다.

4) 귀문관살 : 신경쇠약, 정신이상, 변태적 기질, 의처(부)증 등이 있다. 일지·시지에 있으면 더 강하게 나타난다.

월지	寅	卯	辰	巳	午	未	申	酉	戌	亥	子	丑
단교관살	寅	卯	申	丑	戌	酉	辰	巳	午	未	亥	子
급각살	亥,子	亥,子	亥,子	卯,未	卯,未	卯,未	寅,戌	寅,戌	寅,戌	丑,辰	丑,辰	丑,辰
천전살	乙,卯	乙,卯	乙,卯	丙,午	丙,午	丙,午	辛,酉	辛,酉	辛,酉	壬,子	壬,子	壬,子
지전살	辛,卯	辛,卯	辛,卯	戊,午	戊,午	戊,午	癸,酉	癸,酉	癸,酉	丙,子	丙,子	丙,子
부벽살	酉	巳	丑	酉	巳	酉	酉	巳	丑	酉	巳	丑

1) 단교관살 : 넘어지거나 높은 곳에서 떨어져 팔다리를 다치거나
신경통이 생길 수 있다.

2) 급 각 살 : 신경통이나 다리에 이상이 올 수 있다.

3) 천·지전살 : 기운이 너무 강해 오히려 쇠하게 된다는 의미이다.
일을 추진할 때 실속을 차리기 힘들다.

4) 부 벽 살 : 일을 추진하는 데 방해를 받을 수 있다.

(일간 기준)

일간	甲	乙	丙	丁	戊	己	庚	辛	壬	癸	적용기준
홍염살	午	午	寅	未	辰	辰	戌	酉	申	申	지지중
낙정관살	巳	子	申	戌	卯	巳	子	申	戌	卯	일,시지
고란살	寅	巳		巳	申			亥			일지
음착살				丑,未				卯,酉		巳,亥	일,시지
양착살			子,午		寅,申				辰,戌		일,시지
현침살	午,申							卯,未			일지
탕화살	寅,午	丑	寅,午	丑	寅,午	丑	寅,午	丑	寅,午	丑	일지

1) 홍 염 살 : 미적 감각이 뛰어나고 화려한 것을 좋아한다.

　　　　　　　연예인들에게 많다.

2) 낙정관살 : 수렁에 빠지는 살이다.

　　　　　　　수기水氣가 많고 흉凶이면 주의해야 한다.

3) 고 란 살 : 부부 인연이 깊지 못하여 고민에 빠지게 된다.

4) 음·양착살 : 일간이 음이면 음착, 양이면 양착.

　　　　　　　부부간의 정이 박약하고 처가·외가의 흥망을

　　　　　　　가져온다(일지는 외가, 시지는 처가).

5) 현 침 살 : 성격이 바늘처럼 예리하며 처자를 극한다.

　　　　　　　(의술, 종교 계통에 종사하면 해소)

6) 탕 화 살 : 화상, 흉터, 음독 등을 말한다.

　　　　　　　(지지에 三刑이면 의미가 가중된다.)

삼재법三災法

삼재의 재앙이 드는 것을 막는 방법을 삼재법이라고 한다. 다음은 생년에 따라 삼재 드는 해를 정리한 것이다.

생 년	삼재 드는 해
申子辰 生	寅卯辰 年
亥卯未 生	巳午未 年
寅午戌 生	申酉戌 年
巳酉丑 生	亥子丑 年

지금까지 각종 신살에 대해 공부했다. 그중에서도 도화, 역마, 양인, 괴강, 백호, 삼형 등은 주의 깊게 공부해야 한다.

"고개를 숙이면
부딪치는 법이 없습니다"

맹사성은 고려 우왕 12년 문과에 급제한 수재이다. 조선이 건국되자 수원의 판관判官을 지냈고, 1406년 태종 6년에 이조참의가 되었으며, 후에 예조판서를 거쳐 세종 9년에 우의정, 세종 13년에는 좌의정에 올랐다. 고려 때 문과에 급제하고 최영의 조카사위이기도 한 맹사성이기에 숙청 대상이 될 수도 있었지만, 사람이 워낙 똑똑해 죽이지 않고 등용하였다는 이야기가 전해진다.

열아홉 살에 장원급제해 경기도 파주군수가 된 맹사성은 젊은 나이에 높은 벼슬에 오른 탓에 자만심으로 가득 차 있었다.

그러던 어느 날, 맹사성이 그 고을에서 유명하다는 선사를 찾아가 물었다.

"스님이 생각하시기에, 이 고을을 다스리는 사람으로서 내가 최고로 삼아야 할 덕목이 무엇이라고 생각하십니까?"

그러자 스님이 답했다.

"그건 어렵지 않습니다. 나쁜 일을 하지 않고 착한 일을 많이 하시면 됩니다."

그러자 맹사성은 어이없다는 듯이

"그런 것은 어린애도 다 아는 이치인데, 먼 길을 온 내게 고작 그것밖에 할 말이 없습니까?"
하고 거만하게 말하며 자리에서 일어나려고 했다.

그러자 선사가 차나 한잔 하라고 붙잡았다. 맹사성은 못 이기는 척 자리에 다시 앉았다.

정좌한 맹사성의 찻잔에 선사는 찻물이 넘치는데도 계속 차를 따랐다. 맹사성이 "이게 무슨 짓이냐!"고 소리쳤지만 선사는 태연하게 계속 차를 따랐다. 그리고는 화가 잔뜩 난 맹사성을 보고 말했다.

"찻잔이 넘쳐 방바닥을 적시는 것은 알고, 지식이 넘쳐 인품을 망치는 것은 어찌 모르십니까?"

스님의 이 한마디에 맹사성의 얼굴이 붉게 달아올랐다. 부끄러웠던 맹사성은 황급히 일어나 방문을 열고 나가려다가 그만 문틀에 머리를 세게 부딪치고 말았다.

그러자 선사가 빙그레 웃으면서 말했다.

"고개를 숙이면 부딪치는 법이 없습니다."

이 일이 큰 교훈이 되어 맹사성은 그 뒤로 겸손하게 나랏일을 잘했다고 한다.

5

—

수명, 성격, 직업

장수 사주

1) 오행을 모두 구비하고 조화가 잘 되어 있는 사주
2) 서로 충沖, 극剋이 없어야 한다.
3) 용신用神이 왕旺하고 한신閑神이 합合을 하면 길운吉運으로 변하는
   사주
4) 사주 안에 기신忌神은 합이 되어 길신吉神으로 변한다.
5) 사주의 기운과 재財, 관官, 식食의 기운이 비등한 사주
6) 신강사주身强四柱에 식食, 상傷이 유통을 잘 시켜 주는 사주

甲 癸 壬 己　　　　길신 : 木 火
寅 卯 申 丑　　　　110세 장수

단명 사주

1) 일주가 심히 약하되 외격外格이 되지 않는 사주

2) 용신用神이 미약하고 기신忌神 운이 왕성할 때

3) 용신用神이 상충相沖을 당하고 기신忌神은 합이 되어 더욱 왕旺할 때

4) 인성印星이 태왕太旺하여 일주日柱가 인성印星의 기운에 묻힐 때

5) 일주日柱가 태왕太旺하나 재財, 관官, 식食이 미약하고 외격外格이

    안 될 때

6) 신약사주身弱四柱에 식食, 상傷이 태왕太旺할 때

7) 조후가 잘 되지 않는 사주

8) 초·중년의 대운이 용신用神과 상충相沖될 때

庚甲丙壬　　丁戊　　戊申 대운 庚午年에 요절
午申午子　　未申

庚甲丙丁　　丁　　從兒(종아)를 해야만 좋으나 亥水 때문에
午午午亥　　巳　　종아를 못하고 丁巳 대운에 불행해짐

흉사凶死

1) 신왕사주身旺四柱에 양인살羊刃殺이 많은 사주
2) 신약사주身弱四柱에 편관偏官이 태왕太旺한데 식상食傷이 억제하지 못하는 사주
3) 도화살, 양인살, 편관偏官이 모여 있으면 유부녀를 겁탈하다가 횡사할 수 있다.
4) 역마살과 양인살이 함께 있고 충살이 모여 있다면 객지에서 횡사할 수 있다.
5) 양인, 상관이 동주同柱해도 흉사할 수 있다.
6) 괴강살이 2개 이상이면 흉사 가능성이 있다.
7) 대운에서 용신을 충하는데 다른 오행들이 말리지 못하면 흉사할 수 있다.
8) 삼형살이 있으면서 그 삼형살이 기신일 때 흉사 가능성이 있다.
9) 일간이 심히 미약한데 외격外格이 못 되는 경우이거나 용신이 몹시 약할 때도 흉사할 수 있다.

戊丙壬壬　甲乙丙丁戊己　水 기운 태왕하여 음란

子子子午　午未申酉戌亥　용신 午火 충

(丙申 대운에 바람 피우다 남편에게 맞아죽음)

丙壬丁戊　壬辛庚己戊　신약사주에 용신 申金이나

午申巳寅　戌酉申未午　삼형살에 해당

(戌 대운에 칼 맞고 횡사)

甲庚庚戊　壬辛　천간의 甲庚 충

申寅申申　戌酉　地支의 寅申 충

(戌 대운 庚申년에 자동차 사고사)

질병

1) 甲 乙 寅 卯 (木) : 간장, 눈병, 담, 신경계통, 천식 질환
2) 丙 丁 巳 午 (火) : 심장 계통, 소장, 혀, 순환계
3) 戊 己 辰 戌 丑 未 (土) : 위장, 비장, 입, 근육, 복부, 피부
4) 庚 辛 申 酉 (金) : 대장, 폐, 기관지, 호흡기, 코, 비염, 축농증,
　　　　　　　　　　　골다공증, 뼈조직
5) 壬 癸 亥 子 (水) : 신장, 방광, 귀, 혈액 계통, 에이즈,
　　　　　　　　　　여성은 산부인과 계통, 남성은 전립선비대증

각 오행이 심히 극파를 당하거나, 기신忌神이거나, 너무 편중되어
유통이 안 되고 뭉쳐 있거나, 하나도 없거나 하면 병이 된다.

甲 戊 丁 甲　　癸 壬 辛 庚 己 戊　　길신 : 土 火
寅 子 卯 寅　　酉 申 未 午 巳 辰　　흉신 : 木 水
(간장질환자)

丙 壬 丁 癸　　癸 甲 乙 丙
午 午 巳 酉　　丑 寅 卯 辰　　　　용신 : 金 水
(화기가 왕하여 심장병으로 고생(대운이 기신운)하였으나 癸丑 대운에 호전)

壬 己 丙 戊　　庚 己 戊 丁　　길신 : 金 水
申 未 辰 辰　　申 未 午 巳　　흉신 : 火 土
(土 기운이 너무 강해 위장병으로 고생(흉신대운)하였으나 庚申 대운에 회복)

丁 丙 庚 辛　　丙 乙 甲 癸 壬 辛　　길신 : 木 火
酉 申 子 酉　　午 巳 辰 卯 寅 丑　　흉신 : 金 水
(癸 대운에 폐질환이 발병하나 甲 대운에 회복, 乙 대운에 완쾌)

壬 戊 壬 壬　　길신 : 火 土
子 戊 子 子　　흉신 : 金 水
(사주에 水 기운이 너무 강하여 신장질환 발생)

수명, 성격, 직업　　　　　　　　　　　　　　　　　　177

무병자

1) 사주에 한습·열조 기운이 비등하게 균형과 조화가 이루어져야
   한다.
2) 오행을 모두 구비하고 서로 균형과 조화가 이루어져야 한다.
3) 서로 상충·상극이 없는 사주
4) 일주가 왕旺하나 재관財官이 억제하거나 재관財官이 무력하면
   식상食傷이 있어 유통시킬 때
5) 대운大運이 용신운用神運일 때

丁癸庚戊
巳卯申辰　　(오행을 구비하고 운기가 잘됨)

壬戊丙乙
子申戌卯　　(조후 및 운기가 잘됨)

다병자

1) 사주에 조후가 전혀 되어 있지 않다.
2) 오행이 서로 상충극相沖剋하여 불순한 사주
3) 사주의 간지干支가 서로 좌우상전左右相戰하거나 상하상전上下相戰한다.
4) 오행이 골고루 있지 않고, 사주가 한두 개의 오행으로 구성되어 있으며, 외격外格이 아닌 사주
5) 일주가 태왕太旺한데 설기洩氣가 안 되고 뭉쳐 있는 사주
6) 대운大運이 흉신운凶神運일 때

戊丙己甲　　火 기운 태왕
子午巳午　　水 기운 미약하고 조후가 안 됨

丁癸丙壬
巳亥午子　　천간충, 지지충

壬戊戊丙
子戌戌戌　　壬子 水 용신 때문에 외격이 안 됨

"육갑을 떤다"의 유래

육갑六甲은 육십갑자六十甲子의 준말로, 일반적으로 남의 언행을 얕잡아 말할 때 "육갑을 떤다"고 한다.

육십갑자는 천간 10자와 지지 12자가 순서대로 서로 짝을 지어 이루어진 60가지 간지 결합을 말하는데, 최초의 간지 결합이 천간 갑甲과 지지 자子가 합쳐진 갑자甲子이므로 육십갑자라고 부른다. 이 육십갑자가 한 바퀴 다 돌면 갑甲이 처음으로 돌아왔다고 해서 육십 번째 생일을 회갑回甲이라고 한다.

우리나라 사람들은 회갑을 맞으면 회갑연이라고 하여 잔치를 벌이고 축하하는 자리로 삼았을 만큼 이 육십갑자라는 말은 긍정적인 의미가 있다. 그런데 이 육십갑자가 어떻게 사람들 사이에 "육갑을 떤다"와 같은 부정적인 의미로 쓰이게 되었을까?

예나 지금이나 모자란 실력을 가지고 장황하게 허풍을 떠는 사람이 많다. 어느 모임이나 단체에 가면 관상이나 손금을 보아주겠다는 사람을 쉽게 볼 수 있는데, 열심히 이야기하다 자신보다 실력이 뛰어난 사람이 나타나면 보기가 무섭게 입을 다문다.

이렇게 학문이 깊지 않고 제대로 실력을 갖추지 못한 사람들이 몇 자 주워들은 것으로 사람들의 사주나 관상, 손금을 보아주는 등 함부로 행동하는 것을 두고 "육십갑자를 함부로 떠든다", "육갑을 떤다"고 하였다. 처음에는 제대로 알지도 못하면서 사주를 보아 준다고 나선다는 의미로 쓰이다가, 점차 격에 맞지 않는 말이나 행동을 할 때 얕잡아 이르는 말로 쓰이게 된 것이다.

일간 오행의 성격 판단

1) **木 일간** : 일간이 목木이고 목木 기운이 왕성하면 인자하고 자비심이
많다. 청순하고 꿈이 많으며 천진난만하다.
불급하면 시기와 질투가 많다.
태과하면 변덕을 잘 부리고, 주변 사람들을 무시하거나
업신여기며 군림하려는 기질이 있다.

　丙甲癸癸
　寅午亥酉　　　(성격이 인자하고 자비심이 많다.)

2) **火 일간** : 일간이 화火이고 화火 기운이 왕성하면 예의 바르고
긍정적이며 사교적이고 밝고 명랑하다.
불급하면 잔재주를 부리거나 감언이설로 사기성을 드러낼
수 있다.
태과하면 성질이 조급하고 무례하며 독선적이 된다.

丁丙丙壬

酉戌午寅　　(식상 용신이며 예의 바르고 긍정적이다.)

3) 土 일간 : 일간이 토土이고 토土 기운이 왕성하면 심신이 돈독하고,
책임감이 있다.

철저하고, 신용이 있으며, 묵직하고 장중하다.

불급하면 의심이 많고 책임감·결단력이 없다.

태과하면 고집이 세고, 사리판단이 불분명하며, 독선적이
된다.

壬戊戊甲

子申辰午　　(金水 용신이며 食神生財格(식신생재격))

4) 金 일간 : 일간이 금金이고 금金 기운이 왕성하면 의리가 있고,
순수하며, 천진난만하고, 여유가 있다.

불급하면 잔재주를 부리고, 결단성이 부족하며,

고지식하고 융통성이 부족하다.

태과하면 잔인하고, 만용이 심하며, 무모해진다.

살기와 중압감을 느끼게 하고 무례해지기도 한다.

庚 庚 庚 癸

辰 申 申 卯　(금 기운이 태과하면 만용을 부리고 무모해진다.)

5) 水 일간 : 일간이 수水이고 수水 기운이 왕성하면 지혜롭고
총명하며, 상황 대처 능력이 탁월하다. 쉼없이 생각하고,
순발력과 포용력이 있다.
태과하거나 불급하면 재주는 있으나 음험·음란·비굴하고,
사기성이 농후하다.

壬 壬 己 乙

子 子 卯 酉　(지지가 모두 도화로 이루어져 음란한 사주이다.)

십신에 따른 성격 판단

* 월지, 일지, 용신에 중점을 둔 판단

1) 비견 : 비견이 용신이면 의지가 있고, 자존심이 강하며, 독립적이다.
새로운 일이나 사업을 잘 시작한다.

壬 戊 甲 癸　戊 己 庚 辛 壬 癸
戊 辰 寅 卯　申 酉 戌 亥 子 丑
(초년에는 고생하나 의지로 극복. 戊 대운에 발복)

2) 겁재 : 겁재가 용신이면 외적으로 검소하며, 의지력이 있고
자존심이 강하다. 비견과 비슷하나 비견보다 강하다.

壬 壬 丙 乙　　(金水 : 길신)
寅 子 戌 未　　(木火 : 흉신)

3) **식신** : 식신이 용신이면 온후하고 식덕이 많다.

명랑하고 풍류를 좋아하며 여색을 탐한다.

고집도 좀 있으며, 매사에 여유가 있고 정신적 활동력이
강하게 작용한다.

총명하고 영리하며 박학다식하고 선견지명이 있다.

壬 戊 戊 丙
子 申 戊 戊

4) **상관** : 상관이 용신이면 다재다능하고 행동이 민첩하다.

자존심이 강하며 다소 교만하다.

표현력이 좋고, 감추는 것이 없으며, 말을 함부로 하고,
동적動的이다.

대인지향적이고 육체적 활동력이 있으며, 화려함을 추구
한다.

辛 戊 丁 甲
酉 辰 丑 辰

5) **편재** : 편재가 용신이면 두뇌회전이 빠르고 순발력과 재주가 있다.

투기심이 있고, 재물에 대한 집착이 강하다.

돈을 잘 벌지만 잘 쓰기도 한다.

丙 壬 壬 己
午 子 申 亥

6) **정재** : 정재가 용신이면 정직하고 성실하며 신용이 철저하다.

　　　　성격이 차분하고, 분명한 것을 좋아한다.

　　　　투기성과는 거리가 멀고 열심히 일한 대가만 원한다.

　　　　매우 안정적이며, 이미 밝혀지고 확정된 것만을 추구한다.

癸 戊 戊 己
丑 午 辰 酉

7) **편관** : 편관이 용신이면 의협심이 강하고 모험심이 있다.

　　　　총명하고 과단성이 있으며, 승부에 집착한다.

　　　　성격이 조급한 면이 있고, 융통성이 부족하기도 하다.

　　　　무분별한 고집이 나오며, 때로는 포악성·잔인성도 나온다.

甲 戊 戊 丙
寅 辰 戌 午

8) 정관 : 정관이 용신이면 온후독실하며 지성적이고 정직하다.

인자하고 관대하며 평화적이고 합리적이다.

인물이 준수하고 군자형이며 총명하다.

壬 癸 戊 丁
子 亥 申 酉

9) 정인 : 정인이 용신이면 단정하고 인자하며 총명하다.

지혜가 많고 여유로우며 포근하다.

안정을 중시하며 정통(교과서적) 학문을 추구한다.

甲 戊 庚 甲
子 申 午 寅

10) 편인 : 편인이 용신이면 성격이 활발하고 긍정적이다.

다방면으로 재능이 있어 팔방미인 소리를 듣는다.

잡기에 능하고, 다소 엉뚱하며 종잡을 수 없는 발상을

하기도 한다.

대중적이지 못한 본인 위주의 학문에 심취할 수 있다.

호기심이 강하며 비실용적이고 기인적 기질도 나타난다.

丙 戊 丙 甲
辰 申 子 午

성격 종합 판단

사주에서 양간지陽干支가 많으면 성격이 다소 강직하고 굳세다. 반면 음간지陰干支가 많으면 성격이 유순하고 부드럽다.

1) **종강격** : 종강격의 사주는 강건하며 용감하다.
   때로는 잔인한 면도 있다.

   木의 종강격 : 인자

   火의 종강격 : 예의

   土의 종강격 : 신의, 책임

   金의 종강격 : 의리

   水의 종강격 : 지혜

庚 庚 庚 戊

辰 申 申 申   (土金 : 길신   木水 : 흉신)

2) **종아격** : 성격이 선량하며 온후하고, 인품이 좋고 총명하다.

丙 庚 壬 壬
子 子 子 子　　　(水木 : 吉神)

3) **종재격** : 성격이 선량하면서도 매사에 민첩하다.
　　　재주가 좋으며 정직하고 검소하다.

丙 壬 丙 丁
午 午 午 未

4) **종관성격** : 성격은 비교적 선량하며 총명하고 과단성이 있다.
　　　온후독실하며 정직하다.

乙 戊 甲 癸
卯 寅 寅 酉　　　(年支 酉金이 병이 되나 癸水가 유통)

아홉수와 결혼 금기

예로부터 우리나라 사람들은 29세나 39세에는 결혼을 피하고, 환갑 전 해인 59세에는 생일잔치를 하지 않는다. 말하자면 숫자 9를 금기시한 것인데, 왜 이런 풍속이 생겨났을까?

10이 더 큰 수이지만 10은 0으로 돌아간 것으로 보기 때문에 실제로는 9를 가장 큰 숫자로 본다.

언뜻 보기에 이러한 이유와 결혼 금기가 무슨 관련이 있는지 의아하게 생각되지만, 사람들은 꽉 찬 숫자 또는 가장 많은 숫자를 보고 나중에 닥칠 죽음을 떠올렸던 것이다.

그래서 '아홉' 즉 '9'란 숫자에 해당하는 연도는 어떻게든 잘 넘기기 위해 노력하게 되었고, 아홉수에는 변화나 변동을 삼가고 새로운 '1' 즉 하나를 시작하고자 했던 것이다.

결론적으로 말해 아홉수를 꺼리는 이유에 과학적 타당성과 역학적 근거는 없는 셈이다. 다만, 어떤 일이든 신중하게 생각하고 결정하려는 옛 조상들의 지혜로 받아들이면 될 것이다.

직 업

우리나라에는 2022년 기준 인터넷 검색 결과 1만 1,000여 가지의 직업이 있다고 한다. 세계적으로는 아마 더 많은 직업이 있을 것이다.

1960년대 초만 하더라도 우리나라가 산업화되기 이전이라 농업을 중심으로 크게 5~6가지 직업군이 있었다. 즉 농사짓는 농업, 장사하는 상업, 농기구 등을 만드는 공업, 집 짓는 목수 등 건축업, 군청·읍·면사무소에 근무하는 공무원 등이다. 그래서 사주에서 직업 찾기가 비교적 단조롭고 간단했다.

그러나 지금은 시대가 많이 달라져 우리가 공부하는 명리학에서도 많은 변화가 필요하다고 본다. 이를테면 과거에는 없던 컴퓨터·인공지능·핸드폰·영상미디어 관련 직업 등 새로운 직종이 많이 생겨났다. 이러한 직업들은 과연 어떤 오행에 근거를 두어야 할까?

1만 1,000여 가지의 직업을 목화토금수木火土金水 오행 다섯 가지에 함축적으로 집어넣고 관련지어 읽어 내는 것은 실로 난해한 일이 아닐 수 없다.

하지만 삶의 방향을 못 잡고 우여곡절을 많이 겪는 이들에게 올바른 방향을 제시할 수 있다면 더없이 보람 있는 일일 것이다.

많은 사람들이 어렸을 때는 사주를 안 보는 것으로 잘못 알고 있으나 그렇지 않다. 최소한 다섯 살이 되기 전에 사주를 분석하여 아이의 적성과 소질 등을 알아내 알려준다면 앞으로의 진로를 찾는 데 큰 도움이 될 것으로 생각한다.

직업을 선택할 때는 다음과 같은 사항을 고려해서 결정해야 한다.

1) 일간이 어떤 오행인가?

2) 양 일간인지 음 일간인지?

3) 월지가 어떤 계절인가?

4) 일지에 어떤 글자를 두었는가?

5) 월간의 작용이 일간에게 어떤 영향을 주는가?

6) 용신이 무엇인가?

7) 대운이 어떤 형태로 전개되는가?

8) 신강사주인가?

9) 신강이면 강, 왕 사주인가? 아니면 인성신강인가?

10) 신약사주인가?

11) 신약이면 식상이 많아 신약인가, 아니면 관성이 많아 신약인가? 아니면 재성이 많아 신약인가?

12) 천간의 정신 활동력이 강한가?

13) 지지의 실질적이며 현실적인 활동력이 강한가?

14) 끈기와 지구력은 어느 정도인가?

15) 대인지향적, 즉 사교적인가?

16) 대인관계보다는 연구원처럼 혼자서 하는 일이 맞는가?

일간 또는 용신에 따른 직업

1. 일간 또는 용신이 木인 경우

1) **甲 양간일 때** : 청소년 관련 업종, 교수, 교사, 컴퓨터 프로그래머,
   디자인, 고궁 목조주택 대목수

2) **乙 음간일 때** : 교수, 교사, 디자인, 오락실, 핸드폰, 목재, 농림업,
   목공, 가구, 공예, 화훼업 등

丙 乙 辛 壬
子 亥 亥 申　　**(대학교수)**

2. 일간 또는 용신이 火인 경우

1) **丙 양간일 때** : 토목공학, 도시공학, 건축공학, 부동산개발,
   공인중개사, 무·배추·당근 등 땅에서 자란 채소를
   재료로 해 만든 한정식 등

2) 丁 음간일 때 : 서비스업, 의류, 패션, 광고업, 대민봉사, 사회복지사,
　　　　　　　 요양보호사, 간호사, 보육교사 등

　　　庚 丙 丙 甲
　　　子 戌 寅 午　　 **(토목공학 전공 후 부동산 개발업)**

3. 일간 또는 용신이 土인 경우

1) **戊 양간일 때** : 토목공학, 도시공학, 건축공학, 공인중개사,
　　　　　　　　　 석재사업, 철골사업, 상담사, 성직자 등
2) **己 음간일 때** : 전기·전자, 반도체, 컴퓨터공학, 기계공학, 상담사,
　　　　　　　　　 성직자 등

　　　乙 己 己 乙
　　　亥 酉 丑 丑　　 (대기업 기계부품 개발 연구원)

4. 일간 또는 용신이 金인 경우

1) **庚 양간일 때** : 경금庚金은 맑은 물을 자아내려 한다.
　　　　　　　　　 생명공학, 배아줄기세포 연구, 산부인과 의사,
　　　　　　　　　 인공지능·로봇·제약회사 연구원, 건강식품 연구원,

화장품 연구, 경찰관, 군인, 고급 커피숍, 레스토랑,
일식집 등

2) **辛 음간일 때** : 전기·전자, 기계, 반도체, 금속업, 금융, 귀금속,
보석 감정사, 액세서리, 디자인 등

戊庚戊丙
寅子戌午　　**(생명공학과 교수)**

5. 일간 또는 용신이 水인 경우

1) **壬 양간일 때** : 교수, 교사, 강사, 외교관, 발명가, 지능업, 연구원
개발자, 무역회사, 청소년 관련 직업 등

2) **癸 음간일 때** : 교사, 강사, 수질 연구, 정수기, 맑은물 관련 업종 등

丙壬辛戊
午寅酉申　　**(대학교수)**

십신에 따른 직업

1) **용신이 비견일 때** : 독립적으로 하는 사업이 좋다.

　　　　　　자영업, 변호사, 의사, 약사, 기자, 기사 등.

辛 戊 癸 癸　　丙 丁 戊 己 庚 辛 壬
酉 辰 亥 丑　　辰 巳 午 未 申 酉 戌

(부흥목사 사주)　길신 : 火 土

2) **용신이 겁재일 때** : 공동사업은 불리하다. 동업할 경우 손해를 본다.

丁 癸 壬 丙　　己 戊 丁 丙 乙 甲 癸
巳 亥 辰 戌　　亥 戌 酉 申 未 午 巳

(未 대운에 정미소를 운영하다 동업 친구에게 배신당하고 전 재산을 사기당함. 申 대운부터 식당 운영)

3) **용신이 식신일 때** : 식신이 용신이거나 일지가 식신이면 교육사업,
의식주 관련 사업, 지적 사업 등이 좋다.

丙己戊戊　乙甲癸壬辛庚己
子酉午辰　丑子亥戌酉申未

(길신 : 金水　食神生財格(식신생재격)
자동차 부품 사업으로 대성공)

* 식신생재격食神生財格 사주 : 조화된 사주, 비겁이 왕하나 식상으로 돌려 재성으로
보내므로 상, 충, 극이 없다. 실업가로 성공하는 사람이
많고, 비겁은 흉신이지만 식상을 도와 주므로 흉이 길로
변해 오히려 희신 역할을 한다. 인성이 제일 흉하며
관도 흉하다.

4) **용신이 상관일 때** : 활동적인 직업이 길하다.
변호사, 흥행가, 경쟁이 심한 직업 등.

辛戊戊甲　甲癸壬辛庚己
酉子辰戌　戌酉申未午巳

(변호사)　　용신 : 金

5) **용신이 편재일 때** : 상업에 종사하면 좋다.
무역업, 통신, 판매, 부동산, 금융업 등.

丙 壬 壬 壬
午 寅 子 戌

(의류회사 사장)　　용신 : 火

6) 용신이 정재일 때 : 안정성 있는 직업이 길하다. 투기는 금물.
　　　　　　　성실과 신용을 자본으로 하는 사업이 좋다.

辛 戊 丙 庚
酉 子 戌 戌　　(은행원 사주)

7) 용신이 편관일 때 : 무관 계통 직업이 좋다. 경찰, 군인, 검찰 등.
　　　　　　　기술이나 상업 계통은 성공하기 어렵다.
　　　　　　　지도자 자리에 능숙하고, 주고받기를 싫어한다.
　　　　　　　고지식해서 고독하게 살아갈 수도 있다.

丁 庚 丙 丁
亥 午 午 巳

(경찰관 사주)　　　(종관성격 사주)

8) 용신이 정관일 때 : 성실·정직을 요구하는 직업이 좋다.

　　　　　　　　공무원 등.

戊己甲丙
辰未午子　　　(월간의 甲木이 용신)
(고위 공무원 사주)

9) 용신이 편인일 때 : 독립적 사업이 길하다.

　　　　　　　　의사, 약사, 상담사, 기술 계통, 예술 등.

庚丁癸己
子卯酉未　　　(용신 卯 木)
(철학원 원장)

丙戊丙甲
辰申子午　　　(용신 丙 火)
(철학원 원장)

10) **용신이 정인일 때** : 지식을 이용한 직업이 길하다.

학자, 문학, 예술, 종교, 교육 등.

壬 戊 甲 丙
子 申 午 寅　　　**(용신 : 午 火)**

(대학교수)

십신에 따른 단편적 직업

1) 비견比肩 : 독자적인 사업. 변호사, 변리사, 의사, 약사, 설계사,
   기타 자격증을 가진 전문직

2) 겁재劫財 : 비견과 같으나 공동사업 불리

3) 식신食神 : 교육자, 학자, 연구원, 요리업

4) 상관傷官 : 문화, 예술, 흥행사업, 변호사

5) 편재偏財 : 상업, 투기성 사업, 금융, 무역, 중개, 청부업

6) 정재正財 : 상업, 금융인, 회사의 금융 관련업

7) 편관偏官 : 군인, 경찰, 검찰, 기술계통 공무원

8) 정관正官 : 행정공무원, 학계, 기술계통 공무원

9) 편인偏印 : 의사, 평론가, 문학인, 종교, 예술, 비생산직 직업

10) 정인正印 : 지식을 이용한 직업

여자 팔자는
뒤웅박 팔자라고?

흔히 여자 팔자를 뒤웅박 팔자라고 한다.

뒤웅박은 쪼개지 않고 꼭지 근처에 구멍을 뚫고 속을 파낸 바가지를 말한다. 그러면 뒤웅박 팔자란 무슨 말인가? 쪼개지 않고 속만 파내고 말렸으니 둥근 모습 그대로다. 굴리면 이리 뒹굴 저리 뒹굴 한다.

즉 여자 팔자란 굴리면 굴리는 그대로 구른다는 말이다. 자신의 의지가 아니라 남의 의지, 다시 말해 어떤 남자를 만나는가에 따라 달라진다는 뜻이다. 또 다음과 같이 새 해석을 붙일 수도 있겠다.

쪼개지 않고 파내기만 했으니 그 속이 보이지 않는다. 따라서 그 속을 알 수 없다. 형편없이 살다가도 돈 많은 남자 만나 갑자기 부잣집 마나님이 되기도 하고, 아무도 알아주는 사람 없이 별 볼일 없이 살다가 권력 있는 사람 만나 귀부인으로 살기도 한 사례가 허다하다.

그러니 여자 팔자는 이리 뒹굴 저리 뒹굴 하는 뒤웅박이요, 또 그 속을 알 수 없는 뒤웅박이라는 것이다.

그런데 정말 그럴까? 아니다. 이젠 이런 말이 통하지 않는 세상이 되었다. 지금 세상은 더 이상 남자가 주도하는 남성 우위의 시대가 아니다. 우수한 여성 인력도 많고 여성들의 사회 진출이 눈에 띄게 증가했다.

여성에게는 절대 개방되지 않을 것 같았던 사관학교에도 여생도가 입학한 지 오래고 종종 수석 입학, 수석 졸업도 여생도란다. 세상의 변화만큼 빠른 속도로 여성의 지위가 변하고 있다. 이러한 사회적 변화를 사주로 설명할 수 있을까? 한다면 어떻게 해야 할까?

여성의 사회 진출은 사주만으로 설명하기 어렵다. 시대적 가치관의 변화로 설명하는 것이 타당할 것이다. 그러나 한마디 한다면 남성 같은 여성 사주가 많아졌고 활동성이 강한 여성 사주가 증가했다는 것이다. 물론 이에 대한 통계는 없다. 사주를 보는 사람이 개인적으로 느끼고 있을 뿐이다.

이쯤에서 여성들의 사주를 해석하는 태도를 바꾸어야 한다는 말을 해야 할 것 같다. 사회가 변했기 때문에 더욱 그렇다. 여자가 남자나 가정에 예속되지 않는 시대가 되니 자연히 여자의 사주 형태가 구속 없이 그대로 발휘되고 있는 것이다.

따라서 여성의 사주를 볼 때 예전처럼 남편궁(관성)에 지나치게 의존하지 말고 각 개인이 지닌 다양한 가능성을 종합적으로 판단해야 한다. 더 이상 여자 팔자가 뒤웅박 팔자가 아니라는 점을 직시해야 여성들의 사주를 정확히 해석할 수 있다.

6

—

대운·세운과
육친과의 관계 및
사주 해석

용신用神이 운로運路에서 극·파 당하면 해당 육친六親에 흉한 일이 생길 수 있으며, 흉신에 해당하는 육친과도 좋지 않은 일이 발생할 수 있다.

1) **비겁용신** : 관성운을 만나면 관재 구설이나 타인이 개입하여 형제 또는 동료에게 피해를 주게 되며, 자존심이 손상될 수 있다.

2) **식상용신** : 인성운을 만나면 여자는 자식, 남자는 장모의 신상에 문제가 발생할 수 있다.

3) **재성용신** : 비겁운을 만나면 본인·형제·동료 등으로 인해 부친이나 아내의 신상에 문제가 발생할 수 있다.

4) **관성용신** : 식상운을 만나면 남자는 자식, 여자는 남편 신상에 문제가 발생할 수 있다.

5) **인성용신** : 재성운을 만나면 모친 신상에 문제가 발생할 수 있으며, 부모 사이에 갈등이 생길 수 있다. 또 아내나 여자 때문에 불효를 할 수도 있다.

육친 인연 1

먼저 육친과의 관계에서 덕이 있고 복이 있으며 인연이 좋은 상황을 설명한다.

1. 부친

1) 재성이 용신이며 자기 궁이 온전하고 힘이 있으면 부친 덕이 있다.

2) 재성이 부친궁에 자리하고 용신이면 부친 덕이 대단하다.

3) 재성이 혼잡되지 아니하며(정·편재 두 개면 편재는 부, 정재는 처로 봄) 충·극 되지 않고 왕한 비겁은 식상이 유통시켜 주면 덕이 있다.

2. 모친

1) 인성이 용신이며 궁이 온전하고 힘이 있으면 덕이 있다.

2) 인성이 월지에 자리하며 관성의 생조를 받고 용신이면 모친 덕이 대단하다.

3) 인성이 혼잡되지 않아야 하고(편인은 계모, 정인은 모친으로 볼 수 있으나 '부친이 바람을 피웠다'고 볼 수도 있음) 충·극 되지 않으며 인성을 관성이 유통시켜 준다면 덕이 있다.

3. 형제자매

1) 비겁이 용신이며 궁이 온전하고 힘이 있으면 덕이 있다.

2) 비겁이 부친 자리에 있으면 형제가 부친을 대신한다는 의미가 되어 부친과는 연이 없는 결과가 된다.

3) 비·겁이 혼잡되지 않고(비견은 친형제, 겁재는 이복형제로 볼 수 있으나 이때는 정이 있는 형제, 없는 형제로 본다) 한 개가 우뚝 있으면 덕이 있다.

4. 남편

1) 관성이 용신이며 궁이 온전하고 힘이 있으면 남편 덕이 있다.

2) 관성이 용신이고 남편궁에 온전히 자리하며 재성의 생조를 받는다면 남편 덕이 대단하다.

3) 관성이 식상의 극을 받는 형태라도 재성이 있어 유통시키면 무방하다.

4) 관성이 혼잡되지 않아야 하며 충·극 되지 않아야 한다(그러면 길흉 관계없이 남편 역할을 함).

5. 처

1) 재성이 용신이고 자기 궁에서 충·극 없이 온전하고 힘이 있으면 덕이 있다.

2) 재성이 길신이고 처궁에 충·극 없이 온전히 자리하면 처덕이 대단하다.

3) 비겁이 왕해도 식상이 유통시키면 처가 온전하다(흉이 변해 길이 된다).

4) 재성 혼잡이 없어야 좋다.

6. 자식

1) 관성, 식상이 용신이면 효자이다.

2) 관성, 식상이 용신이면서 시주에 자리하고 충·극 없이 온전하며
강력하면 효자이고 훌륭한 자식이다.

육친 인연 2

이번에는 육친과의 관계에서 연이 안 되고, 덕이 안 되며, 복이 안 이루어지는 상황을 설명한다.

1. 부친

1) 사주에 비겁이 왕하고 재성이 약하며 심하게 극을 받고 있는데 운로運路에서 다시 충·극을 받으면 부친과 사별한다.
2) 재성이 너무 많으면 부친과의 인연이 박하고 덕을 볼 수 없다.
3) 부친이 자기 자리에 위치하지 못하면 길흉에 관계없이 연이 없다.

2. 모친

1) 사주에 재성이 왕하고 인성이 약하여 심하게 극을 받고 있는데 운로에서 다시 충·극을 받으면 모친과 사별한다.
2) 인성이 너무 많으면 모친과의 인연이 박하고 덕을 볼 수 없다.
3) 인성이 자기 자리에 온전하지 못하면 길흉에 관계없이 연이 없다.
4) 약한 인성이 비겁에 포위되어 있을 때 마음뿐이다.

3. 형제자매

1) 비겁이 너무 많으면 형제간에 화목하지 못하다.

2) 비겁이 너무 약한데 운로에서 강한 관성이 충·극 하면 형제에게 질병, 파재破材 등 안 좋은 일이 생긴다.

3) 재성이 약한데 비겁이 왕하면 재물로 인해 형제간에 불화한다.

4) 신약사주에 비겁이 용신인데 그 비겁이 합合을 하고 있으면 형제와 연이 없으며, 그 형제는 염문을 뿌린다.

4. 남편

1) 관살 혼잡에 기신이면 남편 덕이나 복이 없다.

2) 비겁이 왕한 사주에 관살이 없으면 연이 없다.

3) 남편궁에(일지 참조) 식상이 있거나, 관성이 기신이거나, 또는 남편궁에 기신이 자리하면 덕이나 복이 없다.

4) 식상이 왕한 사주(특히 水가 식상이면)는 혼자 사는 팔자일 수 있다.

5. 처

1) 정·편재 혼잡에 왕하면 처덕이 없으며, 악처를 만나기 쉽다.

2) 비겁이 왕하면 처가 병약하며 형제와도 불화하고, 처를 무시하며 화목하지 못하다.

3) 처궁에 기신이나 비겁이 자리하면 덕이 없다.

4) 비겁이 왕하고 재성이 없으면 고독하다.

6. 자식

1) 남자는 관성이 기신이면 효자를 두기 어렵다.

2) 여자는 식상이 기신이면 효자를 두기 어렵다.

3) 식상, 관성이 약한데 충·극 되는 경우는 자식이 병약하거나 연이 없다.

4) 관성이 약한데 인성이 왕하거나 식상이 약한데 재성이 너무 왕하면 인연이 없다.

5) 관성, 식상이 너무 왕하면 인연이 없다.

6) 음(금, 수)기가 전혀 없는데 관성, 식상이 없으면 자식이 없을 수 있다.

* 관살 혼잡에 관성이 왕하거나 식상이 왕하고 관성이 약한데 재성이 없을 때 수기가 너무 왕한 여자는 거의 혼자 사는 팔자이거나 정부情夫를 두는 경우가 많다.

* 비겁이 왕하거나 재성이 약한데 재성이 충·극을 당하거나 식상이 없고 운기가 되지 않는 남자는 홀아비 팔자이다.

운運 대입 및 사주 감정

1. 대운大運

1) 대운이 용신운이면 대길

그러나 사주팔자 중에서 다른 십신에 의해 극이 되거나 합이
되어 다른 십신으로 화하면 길이 없어진다.

2) 대운이 용신을 극하면 흉

그러나 사주팔자 중에서 다른 십신에 의해 극이 되거나 합이
되어 다른 십신으로 화하면 흉이 없어진다.

3) 외격은 대운이 길신 운이면 길하다.

용신이 극·파 당하면 흉하다.

4) 사주의 대부분을 차지하고 있는 동일한 오행을 충하면 갑작스런
흉사를 당할 수도 있다.

5) 비겁이 태왕한 사주에서 재성이 미약한데 식상이 없는 사주는
재財가 길이라 해도 재 기운을 만나면 군비쟁재群比爭財라 흉하다.

6) 간지가 10년이지만 통상 지지에 더 비중을 둔다.

2. 대운 또는 년운年運

1) 대운과 년운이 길운이면 대길하고
2) 대운은 길하나 년운이 흉하면 길한 중에 작은 흉함이 있다.
3) 대운은 흉하나 년운이 길하면 흉한 중에 작은 길함이 있다.
4) 대운과 년운이 흉하면 대흉하다.

3. 십신별 운 대입

1) 비겁운이 길운일 때

친구에게 도움을 받게 되고, 육친과 화목해지며, 배우자와의 사이가 좋아진다. 또 새로운 사업을 시작하거나 하던 사업이 발전하고, 건강도 좋아진다.

2) 비겁운이 흉운일 때

친구에게 배신당하고, 육친과의 사이에 불화가 생기고, 배우자와도 다툼이 일어난다. 또 사업이 부도나고, 병에 걸리며, 구설수 등이 있을 수 있다.

3) 식상운이 길운일 때

재산이 불어나고 건강이 좋아지며, 결혼을 하게 되거나 자손이 태어나고, 신용이 좋아진다.

4) 식상운이 흉운일 때

재산에 손해가 나고 질병이 발생하며, 파혼하거나 자손에게 흉한 일이 생기고, 신용이 떨어질 수 있다.

5) 재성운이 길운일 때

재산이 불어나고 사업이 발전하며 건강도 좋아진다. 미혼 남녀는 결혼운이 있으며, 주머니에 돈이 가득 찬다.

6) 재성운이 **흉운**일 때

재산이 줄어들고 사업이 부도날 위험이 있으며, 건강도 안 좋아질 수 있다. 또한 아내가 가출하거나 이혼할 수 있다.

7) 관성운이 길운일 때

경쟁에서 이기고 건강이 좋아지며, 소식 두절된 사람과 상봉하게 된다. 승진의 기쁨, 취업, 명예스러운 일이 있다.

8) 관성운이 **흉운**일 때

투쟁하는 일이 발생하며 건강 악화, 이별, 권좌(직책)에서 좌천될 수 있다. 또한 신용과 명예 실추 및 자손에게 불행한 일이 생길 수 있다.

9) 인성운이 길운일 때

의식주가 좋아지고, 학문에 발전이 있으며, 마음의 안정과 평화를 이룬다. 자식이 효도하며, 부모에게도 경사스러운 일이 생길 수 있다.

10) 인성이 **흉운**일 때

학문이 퇴보하고 명예가 실추되며 질병이 생길 수 있다. 사업도 실패할 수 있으며, 자식이 불행해지고 부모에게 우환이 생기는 등 가정에 근심이 따른다.

* 대운 50%, 년운(세운) 30%, 월운 15%, 일운(일진) 5% 정도로 비중을 둔다.

감정 순서

1) 사주팔자와 대운을 작성한다.

2) 합·충 관계를 살펴본다.

3) 일간을 중심으로 강·약을 본다.

4) 월지 중심으로 격·국을 정하고 외격 여부를 판단한다.

5) 길신과 흉신을 정한다.

6) 용신의 위치를 판단하고, 육친 관계를 읽어 낸다.

7) 성격 및 성향을 파악하고, 추구하는 것이 무엇이며 향하는 마음이 어디에 있는가를 찾아낸다.

8) 대학교 전공 및 직업을 찾아낸다.

9) 일간을 중심으로 부모·배우자·자식 관계를 읽어 낸다.

10) 대운·세운을 보고 연령대별 길흉 운을 판별한다.

* 그 사람의 그릇 크기는 일간의 형태와 용신의 강약 및 위치에 따라 달라진다.

* 용신이 강력하고 충·을 당하지 않아야 길하며, 대운이 용신운이 되어야 크게 발복한다.

* 다만, 용신이 충·극을 당해도 다른 오행이 막아 주면 무방하다. 예를 들어 甲(木) 용신에 庚(金) 운일 경우, 사주에 壬 癸 水가 있으면 흉이 길로 변한다.

사주 해석의 원칙

1) 일간日干 : 일간은 사주의 주체자이다.

　　　　　십간十干의 특성을 철저히 파악한다.

2) 월지月支 : 일간은 월지의 영향을 절대적으로 받는다.

　　　　　1) 계절적 영향

　　　　　2) 환경적 영향(자리한 십신의 의미)

　　　　　3) 부모의 영향(특히 어머니의 영향)

3) 격국格局 : 태어날 때 나(일간)는 어떤 오행에 가장 크게 영향을 받고

　　　　　태어났는가를 파악한다(선천적 추구성).

4) 일지日支 : 일지는 일간이 가장 친밀감을 느끼는 곳(안방)이다.

　　　　　일간이 가장 먼저 추구하는 형태를 띠며, 일지의

　　　　　지장간을 파악하면 일간의 속마음을 알 수 있다.

　　　　　배우자와의 관계(내조 및 외조)도 알 수 있다.

5) 월간月干 : 일간이 태어날 때의 환경적 요인이 된다. 즉 관성이 자리

　　　　　하면 원칙적이며 엄한 아버지이고 명예·체면·체통을

중시하는 집안 분위기였을 것이며, 공무원 아버지를 둘수도 있다. 재성이 자리하면 사업 또는 상업을 하는 집안일 수 있다.

6) 시주時柱 : 말년의 건강을 본다.

노후의 삶의 질 또는 행복지수와 풍요로움 정도를 본다.

자식과의 관계(효, 불효)는 시간을 참조.

며느리·사위와의 관계(고부 갈등)는 시지를 참조.

7) 년주年柱 : 조상의 형태 및 집안 내력을 보며, 나의 부모에게 어떤 영향을 주었는지를 관찰할 수 있다.

8) 용신用神 : 용신의 강약을 보고 용신이 어디에 위치하며 일간에게 얼마만큼의 이로운 영향을 주는가를 파악한다.

희신이 있는지 여부 및 희신이 용신과의 작용을 얼마나 잘 해내는지를 판별한다.

한신의 작용, 즉 어느 운에 길신이 되고 어느 운에 흉신이 되는지를 판별한다.

9) 충·극 및 각종 신살 참고(처음부터 끝까지)

10) 대운·세운 운 대입

11) 종합판단

12) 개운책

13) 사주 등급

14) 희망적 요소 찾기 및 마무리

종합감정 순서

1) 사주 작성

2) 합·충의 변화

3) 용신(길신, 흉신)

4) 격국

5) 일간의 마음(특성)

6) 일간의 환경(월지 참조)

7) 일간이 추구(향)하는 마음(것) (일지 참조)

8) 대학 전공

9) 직업 (정신적 사업 또는 실질적 사업)

10) 부친과의 관계

11) 모친과의 관계

12) 배우자와의 관계

13) 자식과의 관계

14) 형제자매와의 관계

15) 대인관계

16) 활동력

17) 재물운

18) 질병

19) 삶의 질

20) 운 대입

21) 개운책

22) 사주 등급 : 최상급, 상급, 중상급, 중급, 중하급, 하급, 최하급

각종 사주 해석

(여) 1979년 8월 4일 (양) 20시 15분

壬 癸 辛 己   61 51 41 31 21 11 1

戌 卯 未 未   戊 丁 丙 乙 甲 癸 壬

(고등학교 교사)   寅 丑 子 亥 戌 酉 申

위 사주는 일간이 계수癸水로 마음이 착하고 여리다. 때로는 눈물이
많으며, 맑고 깨끗함을 추구하는 성정을 갖고 있다. 개성·주관이 뚜렷
하고 남들과 섞이기를 싫어하며, 허튼 행동과 허튼 생각을 안 하는
원칙적인 삶을 살아가는 사람이다. 또 관성이 너무 많아 지나치게
원칙적일 수 있으며, 정도 이상으로 예민한 부분이 있다.

어렸을 때 신금辛金의 어머니가 월간 아버지 자리를 차지하였기에
어머니가 집안의 주도권을 갖고 일간 계수癸水에게 영향력을 행사했을
것으로 보인다.

학교 공부는 월간의 신금辛金, 대운의 신금申金, 유금酉金이 있어 최상의 공부운은 아니지만 성적은 중상 정도였을 것으로 보인다. 직업은 관성의 기운이 강해 공무원 사주이고, 일지 묘목卯木을 바라보고 있기에 청소년 관련 직업, 이를테면 교사(교육공무원)가 사주에 맞는 직업으로 보인다.

배우자 관계는 신약사주이고 더운 계절 출생이므로 금수金水가 길신이고 관성은 흉신이기에 남편 덕이나 남편복은 기대하기 힘들다. 또한 남편에 대한 존중보다는 자식에게 정성을 다하는 엄마이다.

돈보다는 명예를 중시하고, 하는 일에 열중하여 묵묵히 일한 만큼의 대가를 거둬들이는 사주이기에 큰 어려움 없이 무난히 산다.

심장이 다소 약하며 신경성 위장장애, 신경성 대장 증후군이 있다. 또한 토土 세력이 강하여 수水를 극파하기에 신장·방광이나 산부인과 질환을 수시로 검사 및 관찰하여 예방하는 것이 필요하다.

전반적으로 체력이 왕성하지 못하므로 체력 안배, 스태미나 관리가 필요하다. 일정 시간 일하고 일정 시간 휴식하여 에너지를 충전한 다음 일하는 체력 안배가 반드시 필요하다. 61세 이후에는 우울증 및 정신질환 예방 및 관리도 필요해 보인다.

개운책으로는 '그럴 수도 있지'라고 생각하며 긍정적으로 바라보는 태도가 필요하며, 친구들도 많이 만나고 취미 생활을 하면서 마음의 안정을 찾아야 한다.

남편을 이해하고 배려하여 가정의 행복지수를 높인다면 한층 더 마음 편하고 안정된 삶을 살 수 있을 것이다.

(남) 1978년 11월 21일 (양) 17시 40분

己 丁 癸 戊　　65 55 45 35 25 15 5

酉 亥 亥 午　　庚 己 戊 丁 丙 乙 甲

(변호사 사주)　午 巳 辰 卯 寅 丑 子

위 사주는 일간 정화丁火에게 힘이 될 수 있는 인성이 없고, 비견 오화午火가 년주에 있으나 멀리 떨어져 있는 데다 계해癸亥가 월주에서 가로막고 있어 오화午火의 힘이 일간에게 전혀 미치지 못하여 사용할 수 있는 용신이 없다. 그래서 힘이 강한 월지·일지의 세력인 관성으로 종을 한 '종관성격' 사주이다.

정화 일간으로서 생각이 긍정적이며 두뇌회전이 빠르고 순발력이 있다. 일간이 불이기 때문에 보통은 발산하는 기운으로 인해 침착하지 못하고 다소 산만한 느낌을 주지만, 강한 관성의 세력으로 침착·차분하며 지구력과 인내심을 갖추었다고 볼 수 있다.

어린 시절부터 관성의 기운으로 모범생이었을 것이다. 대운의 인성 운으로 공부를 잘해 사법고시에 합격하였다.

식상이 천간에 자리하였기에 정신적 활동력이 있으며, 정·편관이 혼재되어 편관의 기운으로 종을 하였기에 법관이 되는 게 마땅한 사주이다.

변호사보다는 검사가 더 어울리나, 음 일간이라 강한 카리스마가 나오지 않기에 검사가 자신에게 맞지 않는다고 판단한 것 같다.

하지만 변호사는 사업가적 기질이 있어야 하는데 강한 편관의 기운으로 인해 더 어려울 것으로 보인다. 애초에 판사가 되었더라면 더 번뇌가 없는 삶이었을 것이다. 그러나 대운이 잘 형성되고 있어 앞으로 큰 파고 없이 무난하게 살 것으로 예상되는 사주이다.

아내 유금酉金이 자식 자리에 있기에 남편을 존중하고 남편 말을 잘 들어 주는 아내와 인연이 되었을 것이며, 길신이기에 내조도 잘할 것으로 보인다.

대운에서 정신적 활동력과 강한 의지력이 작용하여 50대 중반 이후로는 물질적 풍요도 누릴 수 있을 것이다.

(여) 1980년 9월 6일 (음) 04시 15분

戊庚丙庚　　62 52 42 32 22 12 2
寅申戌申　　己庚辛壬癸甲乙
(여군 중령 사주)　　卯辰巳午未申酉

사주팔자 형태가 모두 양으로 구성되어 있어 여성이지만 양의 기운이 강해 웬만한 남성 못지않은 호방함과 강건함이 보이는 사주이다.

일간이 경금庚金으로서 우직하고 순수하며 의리가 강하다. 일간 경금庚金의 특성과 월간 병화丙火 편관의 기운으로 군인이 되었을 것이며, 32세부터 오화午火의 기운, 42세부터 사화巳火 관성의 기운이 흘러 승진운이 순조롭다고 할 수 있다.

월지 인성으로 학창 시절 공부도 잘했을 것이며, 월간 관성으로 인해 모범생이었을 것이다.

배우자는 월간의 병화丙火로서 용신이기에 아내 경금庚金이 믿고 의지할 수 있다. 남편 병화丙火는 아버지 자리에 앉아서 아내를 돌봐주고 옳은 방향으로 이끌어 주며 아내에게 힘이 되어 주지만, 때로는 아내 일에 지나치게 간섭하고 감독하려는 성향이 나올 것이다.

사주 원국에 자식이 보이지 않으나 대운에서 자식운이 좋아 자식을 두었을 것이며, 시간 자식 자리에 무토戊土 친정어머니가 자리하고 있다. 실제로 친정어머니를 모시고 살고 있으며, 친정어머니가 아이들을 돌봐주신다고 한다.

사주에 수水가 없는 형태라 신장·방광과 여성 생식기 쪽의 건강 관리가 필요해 보인다. 또 금金 기운이 강하고 수水가 없어 목木으로 유통시켜 주지 못하니 상대적으로 목木이 극을 당하여 간·담·눈·신경계 관리가 필요하다.

사주에 식상이 없어 사회성, 대인관계, 배려하는 마음이 부족할 수 있으므로 노력으로 채워 나가는 것이 필요하다. 퇴직 후 말년에는 시간 편인의 학문으로 삶의 지혜를 찾기 바란다.

본인에게 잘 맞는 직업을 선택하여 평안한 삶을 사는 사주이다.

(남) 2008년 1월 3일 (양) 13시 18분

69 59 49 39 29 19 9

丙 壬 壬 丁　　乙 丙 丁 戊 己 庚 辛
午 寅 子 亥　　巳 午 未 申 酉 戌 亥

위 사주는 중학교 2학년 때 서울 영재고 시험에 합격하여 중3을 거치지 않고 2023년에 영재고 1학년이 된 학생의 것이다.

임자壬子월에 임수壬水 일간이다. 년지에 해수亥水도 있고 하여 신강한 사주로 용신은 일지의 인목寅木, 희신은 시주의 병오丙午 재성으로서 식신생재격食神生財格 사주로 구성되었다.

임수壬水 일간은 포용력이 있고 흡수력, 상황 대처 능력이 뛰어나며, 임자壬子월 즉 비겁 월에 임수壬水이기에 내면의 기운이 강하고 스케일이 매우 크다고 할 수 있다. 그러나 다소 이기적이고 무례할 수도 있다. 또 인목寅木 식신을 두고 있기에 호기심이 아주 많고, 어떤 일을 깊게 파고드는 성격이다. 사주 원국에 없는 인성과 관성이 필요한 시기에 대운에서 잘 뒷받침해 준다.

임수壬水 일간이 식신인 인목寅木을 일지에 두고 있고, 대운에서 인성(공부운)과 관성(명예운)이 형성되어 있어 대학교수 등 청소년 관련 직업이 잘 맞을 것으로 보인다.

이 사주는 재물을 관장할 수 있는 그릇이 충분한 데다 재물과 연결시켜 주는 식신이 건재하고 시주와 대운 59세부터 큰 재물이 형성되어 있어 경영학을 전공하여 대학교수를 하면서 사업을 해도 좋을 사주이다. 추후 자금을 모아 학교나 학원 설립, 장학사업을 하면 보람도 있고 이상적인 삶을 살아갈 수 있을 것이다.

(여) 1968년 11월 6일 (음) 巳時

				66 56 46 36 26 16 6			

己 己 甲 戊   丁 戊 己 庚 辛 壬 癸
巳 巳 子 申   巳 午 未 申 酉 戌 亥

위 사주는 임인壬寅년에 임용고시에 합격한 만학도의 것이다.

원국의 사화巳火 인성들 때문에 나이가 들어서도 끊임없이 공부에 대한 욕망이 있었을 것이다. 월간의 갑목甲木과 임인년 인목寅木의 명예운으로 3수 끝에 합격의 기쁨을 맛보았다.

(여) 1988년 7월 12일 (음) 18시 17분

65 55 45 35 25 15 5

乙 庚 庚 戊   癸 甲 乙 丙 丁 戊 己
酉 戌 申 辰   丑 寅 卯 辰 巳 午 未

(카이스트 생명공학 박사학위 취득)

경금庚金은 맑은 물을 자아내려고 하는 습성 때문에 맑은 물과 관련된 생명공학 분야가 잘 맞는 직업일 것으로 보인다.

(여) 1948년 1월 18일 (음) 06시

87 77 67 57 47 37 27 17 7

癸 壬 甲 戊   乙 丙 丁 戊 己 庚 辛 壬 癸
卯 午 寅 子   巳 午 未 申 酉 戌 亥 子 丑

(국가무형문화재 고전무용 부문)

(여) 1970년 12월 2일 (음) 03시 35분

77 67 57 47 37 27 17 7

甲 癸 戊 庚   庚 辛 壬 癸 甲 乙 丙 丁
寅 未 子 戌   辰 巳 午 未 申 酉 戌 亥

(아래 사주는 위 1948년생 국가무형문화재의 제자이자 딸)

두 사주 모두 식신, 상관이 잘 발달해 있는 것을 볼 수 있다.

(여) 1971년 12월 6일 (음) 02시 20분

```
                        75 65 55 45 35 25 15  5
己 辛 辛 辛        己 戊 丁 丙 乙 甲 癸 壬
丑 亥 丑 亥        酉 申 未 午 巳 辰 卯 寅
```

(국립대학 교수 겸 피부과 의사)

위 사주는 모 국립대학 교수 겸 피부과 의사의 것이다.

어릴 적 꿈은 선생님이었다고 한다. 아마도 임인壬寅, 계묘癸卯, 갑진甲辰 대운이 청소년 관련 직업인 목木 기운의 작용을 받았을 것으로 보인다. 공부를 하다 보니 재미있고 잘 되어 의대에 진학하게 되었고, 드디어 교수가 되었다. 피부과 선택은 사주 원국의 축토丑土, 기토己土의 영향일 것이며, 축토의 기운으로 매우 지혜롭고, 십신으로 인성은 공부이기에 성적이 대단히 우수했을 것이다.

45세 병오丙午 대운부터 큰 명예운이 작용하여 중요 직책을 거쳐 병원장 직책에 도전하게 될 것으로 보인다. 2025년 을사년이나 2026년 병오년에는 실현되지 않을까 예측해 본다.

하지만 남편에 대한 존중보다는 일과 명예를 대단히 추구하는 사주라 남편으로서는 불만이 많다. 이는 사주 원국에 남편을 지칭하는 관성이 없고 남편궁인 일지에 상관인 해수亥水가 자리하여 관성인 화火를 극하는 형태로 구성되어 있기 때문이다.

년지의 해수 자식은 일간과 거리가 멀어 유산된 자식이고, 일지의 해수 자식을 임신하였으나 일과 공부 때문에 지우고 이후로 아기를 안

가져서 시어머니의 불만이 대단히 많다. 신강인 일간 신금辛金의 결단성
은 남편도 시어머니도 어쩔 수 없는가 보다.

```
                 73 63 53 43 33 23 13 3
乙 丙 丁 辛       己 庚 辛 壬 癸 甲 乙 丙
未 午 酉 亥       丑 寅 卯 辰 巳 午 未 申
```
(회계사 사주)

위 사주는 목화토금수 오행이 다 구비되어 있어 비교적 균형과
조화를 이루었다고 볼 수 있다.

병화 일간으로서 스케일이 크며, 포용력과 흡수력도 대단하다.

월지 유금으로 득령은 못 하였으나 미토는 열기가 강한 흙이라서
화생토 상관이지만 신강으로 분류할 수 있다.

순발력과 두뇌회전이 빠르고, 겁재들이 작용하여 의지·의욕이
넘치지만 때로는 어떤 현안을 거칠게 밀어붙이는 등 독선적일 수도
있다.

학창 시절 대운에 을목·갑목 인성으로 인해 성적이 우수했으며,
졸업과 동시에 회계사 시험에 합격해 바로 회계사 일을 시작했다고
한다.

처음 갑오 대운에 잘 되었으나 계사·임진 대운에 부진하더니 53세
신묘 대운부터 대단히 잘 된다고 한다. 묘목 인성은 손님·거래처를

의미하며, 신금의 정재가 들어와 좋은 운으로 바뀌니 앞으로 20년이 대단히 기대되는 운세라고 할 수 있다.

아내가 유금의 정재이기는 하나 어른 자리인 어머니 자리에서 남편에게 관여·감독하려 들며, 천간의 정화 관성과 짝을 이루어 명예·체면·체통을 중시하는지라 정재이고 길신에 해당하지만 결코 호락호락한 아내가 아니다.

자식의 경우, 년지의 해수 자식이 있으나 일간 본인과 멀리 있어 연이 안 되는 유산된 자식이다.

이 사주는 위의 피부과 의사 겸 교수의 남편의 것이다. 부부 궁합은 어떨까 공부해 보기로 하자.

겉궁합 : 겉궁합은 일간 대 일간을 보면서 정신·기氣·마음 상태를 살핀다. 남 병화丙火, 여 신금辛金으로 병신丙辛 합을 이루어 서로 지향하는 바가 같아 의기투합이 잘 되는 좋은 궁합이다.

속궁합 : 속궁합은 일지 대 일지를 보면서 실질적·현실적인 면을 살펴보고 부부간의 잠자리 관계도 보는 것이다.

남 오화午火, 여 해수亥水로서 남편의 오화가 아내의 해수에 의해 심하게 극을 받는 형태로 구성되어 있다. 이 때문에 현실적으로 아내의 생활에 불만이 많음에도 어쩔 수 없이 주말부부 형태로 각자의 삶을 살게 된다.

밤의 문화에서도 오화午火가 해수亥水의 극을 받기에 아내는 매우 불만족스럽다.

사주의 구성 형태에서도 남편은 인성인 목木의 기운을 추구
하나 아내의 사주에 목木이 하나도 없고 신강인 신금辛金으로
하여금 심한 금극목이 되기에 내조를 전혀 기대할 수 없는
궁합이다.

또한 아내는 신강의 신금辛金으로 토생금이 잘 되어 인덕이
많아 남편의 도움 없이도 용감하게 잘 살아가는 사주이다.

(남) 1968년 11월 15일 (음) 15시 45분

```
                    71 61 51 41 31 21 11  1
庚 戊 甲 戊      壬 辛 庚 己 戊 丁 丙 乙
申 寅 子 申      申 未 午 巳 辰 卯 寅 丑
(S기업 임원)
```

위 사주는 갑자甲子월의 무토戊土로서 대단히 원칙적이며 청렴결백
한 성격이다. 일지에도 인목의 관성이 자리하여 승승장구할 것으로
보인다.

유명인사들의 사주

　지금까지의 공부를 토대로 다음 유명인사들의 사주를 각자 풀이해 보자. 잘 알려진 인물들이니만큼 왜 어떤 오행의 기운으로 대통령이나 총리 등이 되었고, 어떤 오행의 작용으로 굴곡진 삶을 살게 되었는지 분석해 보면 많은 공부가 될 것이다.

　정치인들의 경우 대체로 정확한 사주가 잘 알려지지 않고 있으나 (양력인지, 음력인지 등) 다음 사주들은 비교적 믿을 만한 자료이다.

　전 국회의장 신익희 (1894년 6월 9일 음력)

　　　　乙 甲 辛 甲
　　　　亥 寅 未 午

　전 국무총리 남덕우 (1924년 4월 22일 음력)

　　　　戊 甲 己 甲
　　　　辰 辰 巳 子

전 영화배우 신성일 (1937년 3월 28일 음력)

壬 乙 乙 丁
午 未 巳 丑

이명박 전 대통령 (1941년 12월 19일 음력)

乙 戊 辛 辛
卯 子 丑 巳

박근혜 전 대통령 (1952년 2월 2일 양력)

庚 戊 辛 辛
申 寅 丑 卯

김종필 전 공화당 총재 (1926년 1월 7일 음력)

辛 己 庚 丙
未 卯 寅 寅

김영삼 전 대통령 (1928년 12월 4일 음력)

甲 己 乙 戊
戌 未 丑 辰

이회창 전 한나라당 총재 (1935년 5월 2일 음력)

乙 己 辛 乙
丑 酉 巳 亥

박정희 전 대통령 (1917년 9월 30일 음력)

　　　　戊庚辛丁
　　　　寅申亥巳

정주영 현대그룹 창업주 (1915년 11월 25일 양력)

　　　　丁庚丁乙
　　　　丑申亥卯

노태우 전 대통령 (1932년 7월 16일 음력)

　　　　丙庚戊壬
　　　　戌戌申申

고 김수환 추기경 (1922년 윤 5월 8일 음력 윤달)

　　　　壬辛丙壬
　　　　辰未午戌

윤보선 전 대통령 (1897년 7월 15일 음력)

　　　　癸壬戊丁
　　　　卯寅申酉

세종대왕 (1397년 4월 10일 음력)

　　　　甲壬乙丁
　　　　辰辰巳丑

이인제 전 의원 (1947년 12월 11일 음력)

丁 乙 癸 丁
丑 巳 丑 亥

이승만 전 대통령 (1875년 4월 18일 양력)

庚 丁 己 乙
子 亥 卯 亥

전두환 전 대통령 (1931년 12월 6일 음력)

戊 癸 辛 辛
午 酉 丑 未

최규하 전 대통령 (1919년 7월 12일 음력)

辛 辛 辛 己
卯 卯 未 未

노무현 전 대통령 (1946년 8월 6일 음력)

丙 戊 丙 丙
辰 寅 申 戌

사람이 가야 할 길

그저 흐르는 것 같지만
구름은 구름의 길로
바람은 바람의 길로

똑같이 풍겨 오는 것 같지만
국화는 국화향을
매화는 매화향을

우리는 누구나 자신의 길을
갈 수밖에 없는 것을…

제 길을 가지 못한 물이 고였다가 넘치면
무작정 범람하는 것이 자연의 이치 아닌가!!

사람은 누구나 제 길을 가야 한다.

자신의 무의식을 무심히 뒤져 보라
물길처럼 투명하게 새겨져 있을 것이다.

7

—

사주 이야기

동성연애

낙엽이 떨어져 신작로에 뒹굴던 늦가을 어느 날, 철학원 문이 열리며 앳된 얼굴의 아가씨가 들어왔다. 안색을 살피니 생기라고는 하나도 없는 절망적인 얼굴이었다. 어떤 고민이 있느냐고 물으니

"저는 동성연애를 하는데요, 이 친구가 삐져서 만나 주지도 않고 전화도 안 받아서 너무 힘들어요. 언제 화가 풀려서 돌아올까요?" 라고 답하는 것이었다.

많은 상담을 해왔지만 처음 접하는 다소 황당한 고민이라서 잠시 궁리를 하다가 일단 두 사람의 사주를 건네받았다. 살펴보니 동성임에도 불구하고 궁합이 너무도 잘 맞는 사주였다.

만나 주지 않고 전화도 안 받는 이유를 알고 있느냐고 물으니, 왜 그러는지 모르겠고 말도 하지 않는다는 것이었다.

사주 형태를 보니 생生 관계로 형성되어 있었다. 상대 아가씨로부터 모든 걸 받기만 하지 본인은 식상食傷이 없어 배려심이 전혀 안 나오는 형태였다. 그리고 상대 아가씨가 월운에서 천간충天干沖으로 형성되어 있어 무척 예민해져 있는 시기였다.

답을 여기서 찾을 수 있을 것 같았다. 나는 "힘들어도 잘 참고 있다가 45일 이후에 상대가 평소에 좋아하는 선물을 사서 찾아가라"고 일러주었다.

두어 달 후, 막 퇴근할 준비를 하고 있는데 그 아가씨가 들어서며 말했다.

"선생님, 저 이제 좋아졌어요."

싱글벙글 웃는 얼굴은 지난번과 달리 화색이 돌았다.

들어와서 잠시 앉으라 하고 "지금은 스물한 살이지만 앞으로 나이를 더 먹게 되면 결혼해서 아기도 낳아야 하니 동성연애에 너무 빠지지 말고 점차 정리하고 남자친구와 연애를 하라"고 권했다. 그러자 그 아가씨는 "선생님, 알고는 있는데 잘 안 되어요" 하며 난감해한다.

이때의 상담을 통해 동성 간 연애에서도 큰 상처를 받을 수 있다는 것을 알게 되었고, 동성 간 연애도 이성 간 연애와 마찬가지로 풀이하면 된다는 것을 깨닫게 되었다.

삼백칠십억 땅 투자 사업

오전 상담을 마치고 점심을 먹으러 막 나가려는데 전화벨이 울렸다. 전화 속에서 들리는 다급한 목소리…. 제일 빠른 예약을 잡아 달라는 것이었다. 예약 상황부를 찾아보니 3일 후에나 가능했다.

3일 후 15시 예약 가능하다고 했더니 중요한 계약 건이 있는데 오늘 결정해야 한다고, 늦어도 좋으니 오늘 상담을 꼭 하자는 것이었다. 하는 수 없이 퇴근을 미루고 18시에 상담하기로 약속을 잡았다.

상담 내용인즉, 자신은 건설업을 하는 사업가인데 우리나라 최고의 기업이 이사를 가고 항만 사업이 집중되는 00지역에 마음에 드는 토지가 370억에 나왔는데 이 토지를 매입해야 할지 말아야 할지 도저히 판단하기 어렵다는 것이었다. 37억도 아니고 370억이었다.

대기실에 잠깐 나가 있으시라 하고 대운 나이별로, 세운 나이별로 이 시기에 이런 일이 있었고, 저 시기에 저런 일이 있었고 모두 메모를 하여 물어 보니 95% 이상 맞는다고 했다.

"당신의 운은 매우 상승세에 있으니 매입하십시오."

그 후 한 달 반쯤 지나서 그 사업가에게서 다시 전화가 걸려왔다.

혹시 뭐가 잘못되지 않았나 싶어 걱정스러운 목소리로 "왜 그러십니까?" 물으니 "좋은 일로 또 찾아뵙겠습니다" 하는 것이었다.

또 왜 찾아오겠다는 건지 예약 시간이 기다려졌다.

이윽고 예약 시간에 사무실 문이 열리며 다소 상기된 표정의 그 사업가가 들어서며 말했다.

"선생님, 또 고민이 생겼습니다."

다름 아니라 매입한 그 땅을 450억에 사겠다는 사람이 있어서 고민이라는 것이었다. "세금 문제도 있고 해서 여러 가지로 복잡할 텐데…" 물으니 "그런 모든 문제를 해결하고 제시된 금액"이라고 했다. 두 달도 안 되어 80억을 남기는 일이니 대단한 고민일 수밖에….

나는 지난번 풀이해 놓은 자료를 다시 한번 검토한 뒤 이렇게 말했다.

"팔지 마십시오."

3개월 후, 억세게 재수 좋은 사나이에게 또다시 전화가 걸려왔다. "기사를 보낼 테니 시간을 좀 내달라"는 것이었다.

궁금하던 차에 쾌히 승낙하고 어느 고급스러운 한정식집에 마주 앉았다. 앉자마자 궁금하여 물으니 "아파트 설계를 하여 분양을 했는데 3일 만에 완판되었다"고 한다.

"이 모두 선생님 덕분입니다."

나도 내 일처럼 기뻤다. 평소 술을 잘 못하는 나이지만 그날만큼은 꽤 마셨던 것으로 기억한다.

그는 사례금이 든 봉투를 건네주며 연신 고맙다고 인사했다. 거절하자 "다음에도 무슨 일 있으면 찾아뵈어야 하는데 안 받으시면 못 찾아갑니다" 하며 억지로 주머니에 넣었다.

"바쁜 일 마치고 해드릴 얘기가 있으니 한번 사무실로 오시라"고
하니 "그러면 내일이라도 당장 찾아뵈어야지요" 했다.

열흘쯤 지나서 상담이 좀 비는 시간이 있길래 오라고 하여 "지금은
운이 상승세에 있어 하고자 하는 일들이 잘 이루어질 것이나 5년이
지나면 대운이 바뀌면서 사업이 내리막길로 접어들 것이니 이 시기에
회사를 충분히 성장시키고 5년 후부터는 사업 일선에서 물러나고 궁합
이 잘 맞는 믿을 만한 후계자를 선정하여 그 후계자한테 맡기는 게
좋겠다"고 했다. 그러자 그도 그런 느낌이 든다고 말했다.

나는 다시 한번 "사업을 잘했던 사람들이 꺾이는 시기인 줄 모르고
과거에 이런 일을 이렇게 해서 성공했으니 이번에도 잘될 거야 하는
믿음 때문에 두 번 세 번 실패하고도 욕심을 버리지 못하고 순리에서
벗어나는 무리한 시도를 하다가 그동안 벌어 놓은 돈을 모두 까먹는
사례가 많으니 꼭 조심해야 한다"고 주지시켰다.

그는 아마 지금쯤 후계자 양성에 심혈을 기울이고 있을 것이다.

결혼식 날이 장례식 날이 되다

2017년 정유년丁酉年 개나리 진달래가 피어나기 시작한 봄 어느 날이었다. 두 모녀가 찾아와 결혼 택일을 의뢰하였다. 원하는 시기는 그해 9월 토요일 중 좋은 날을 택일해 달라는 것이었다.

예비 신랑 신부 생년월일시를 받아들고 풀이해 보니 예비 신랑 일주가 기묘己卯였다. 정유년의 유금酉金과 예비 신랑 일지의 묘목卯木이 묘유충卯酉沖을 이루어 난감했다.

만일 반대 현상, 즉 예비 신랑 일지가 유금酉金이고 운에서 오는 운이 묘목卯木이라면 결혼 당사자가 이기는 충이기에 어떻게 유통시켜 주는 글자를 찾아 택일해 보겠으나, 이는 사람이 당하는 충이기에 불가하여 "4개월만 더 미루어 내년 3월에 결혼하시지요" 하고 권고했으나 신랑 측에서 꼭 올 가을에 식을 올리기 원한다는 것이었다.

다시 한번 설명을 해주고 "나는 원하는 대로 택일해 주면 돈 벌고 좋으나 이런 상황에서는 택일하면 안 된다고 공부하였기에 택일해

드릴 수 없습니다. 남자친구 설득이 안 되면 내가 한번 설득해 볼 테니 같이 한번 오세요" 하고 돌려보냈다.

　이듬해 초봄에 그 아가씨와 예비 신랑으로 보이는 남자가 함께 왔다. 너무 늦으면 예식장 예약이 어려울 텐데 왜 이제야 왔느냐고 하니 다음과 같은 사연이 있었다.

　그때 신랑 측에서 식을 올려야 한다고 완강하게 주장하여 신랑 측이 추천한 철학원에 가서 9월 16일로 택일하여 예식장 예약은 물론이고 신혼집을 마련해 가구며 가전제품을 들여놓고 청첩장 돌리고, 심지어 예식날 참석이 어렵다고 몇몇 사람에게 축의금 봉투도 받았는데, 예식 3일 전인 9월 13일에 예비 신랑 아버지가 교통사고로 돌아가셨다는 것이었다.

　다쳐서 병원에 입원한 상태라면 어떻게 진행해 볼 수도 있겠으나 돌아가셨기에 모든 걸 취소할 수밖에 없었다면서, 결국 결혼식 날이 아버지 장례식 날이 되고 말았다는 것이다. 그 때문에 아버지 49재를 모시고 오느라 늦었다고 했다.

　이후 결혼식 잘 마쳤다고 전화 오고, 신혼여행지에 잘 도착했다고 국제전화 오고, 신혼여행 잘 다녀왔다는 상황 보고까지 받았다. 지금은 예쁜 딸을 낳아 화목하게 잘 살고 있다.

오백억 재산 상속 재판

　연일 무더위가 기승을 부리던 어느 여름날, 사무실 문을 열고 환기를 시키고 있는데 누군가 들어올까 말까 문 앞에서 망설이는 것 같았다. 50대 중반으로 보이는 여성이었다.

　그 여성에게 다가가 "무슨 고민거리라도 있으십니까? 들어오십시오" 말을 건네자, 못 이기는 척 상담실로 들어와 앉았다.

　시원한 냉수 한잔을 권하자, 그 여성은 받아 마시고 나서 용기를 얻은 듯 말했다.

　"재산 상속에 관한 재판을 하려는데 이길 수 있는지 풀이해 주실 수 있는지요?"

　"운세가 상승세에 있으면 이길 수도 있습니다. 어떤 내용인지 말씀이나 한번 들어 봅시다."

　이야기를 들어 보니 건설업을 하던 시아버지가 아파트를 완공했으나 분양이 안 되다가 심장병으로 갑자기 돌아가신 후 아파트 경기가 살아나 모두 분양이 되었고, 그 액수가 500억이라는 것이다. 그런데 막내인 남편을 빼고 누나 넷이 4등분하여 자기들끼리 나누겠다고 한다는 것이었다. 아버지가 살아 계실 때 너는 아버지 돈을 많이 가져다 땅도 사지 않았느냐, 그 돈이 200억은 넘을 것이라는 이유에서였다.

그 여성은 그동안 고생하며 시아버지를 모시고 살았고, 남편과 근검절약하며 재산을 모았다면서 시아버지가 아무런 대가 없이 물려준 재산은 없다고 말했다. 또한 누나들도 남편들이 변호사·의사 등 직업이 좋아 부자로 사는데 돈 욕심을 너무 낸다며 불만스러운 표정이었다.

남편은 "우리 먹고 살 만하니까 누나들 주장대로 하자"고 하는데, 며느리는 형평성에 맞지 않다며 너무 억울하다고 소송을 할 생각이라고 했다.

남편 사주를 풀이해 보니 운세가 대단한 상승세에 있었다. 그래서 나는 "운세로 보아 승소할 것 같기는 하나 그렇게 되면 누나들과는 남매지간이 아닌 원수지간이 될 것입니다. 남편과 다시 한번 의논해 보시고 생각을 잘 정리해서 소송 제기를 하시기 바랍니다"라고 정리해 주었다.

1년쯤 지나 그 여성이 딸의 결혼식 날을 택일하기 위해 다시 방문했다. 택일을 마치고 조심스럽게 그때 어떻게 되었는지 물어 보니 "승소는 했으나 선생님 말씀처럼 누나들과 원수지간이 되었다"고 대답했다. 딸을 결혼시키는 경사스러운 잔치에 청첩장을 보낼 수도 없다며 수심이 가득한 얼굴이었다.

포장마차 기둥에 손자 셋 묶어 놓고
장사하는 기구한 운명

　10일 전에 첫 번째 상담 시간을 예약해 놓은 여성 한 분이 오셨다. 고민거리가 많다며 예약했는데 의외로 표정은 그리 어둡지 않았다.

　사연인즉 이랬다. 아들이 하나 있는데 고등학교 2학년 때 같은 반 여학생과 연애를 하여 아이를 갖게 되었다. 하루 벌어 하루 먹고사는 터라 너무도 난감하여 낙태를 권유했지만 "우리는 너무나 사랑하고 있다"며 아이를 낳겠다고 했단다. 그리고 돈을 벌겠다며 둘 다 학교를 자퇴하고 월세 원룸을 얻어 살림을 차렸다.

　처음에는 둘 다 아르바이트를 했지만 몇 달 안 가 힘든 일을 하면 뱃속 아이가 위험하다는 의사 선생님의 말에 며느리는 일을 그만두었고, 아들은 가는 곳마다 마음에 안 든다며 일자리를 바꾸더니 급기야 보증금 다 까먹고 보따리 싸서 부모가 사는, 방이 달랑 둘 있는 반지하 방으로 쳐들어왔다.

　남편은 3년 전 뇌경색으로 쓰러진 뒤 몸 반쪽을 쓸 수 없어 기어서 겨우 화장실만 갈 수 있는 상황이라고 했다. 그래서 혼자 돈을 벌어야 하는데 요즘 포장마차 수입이 점점 줄어들고 있다고 했다.

아들은 이틀 나가면 열흘은 노는 등, 희망이 보이지 않는 상황에서 출산일이 다가와 손주가 태어났다. 산후조리원은 꿈도 못 꾸고 겨우 병원비만 마련하여 며느리를 퇴원시킨 후 산후 뒷바라지를 해야 했다.

그런데 1년 후 또 한 명의 손자가 태어나고, 2년 후 연년생으로 또 한 명의 손자를 보게 되어 3년 만에 손자 셋을 얻게 되었다.

그 후 아들은 돈 벌러 간다고 나가서 돈은커녕 연락조차 되지 않고, 며느리는 젖먹이 자식을 두고 친정으로 가더니 오지 않는다고 했다. 하는 수 없이 첫째와 둘째는 부드러운 천 밧줄로 허리를 묶어 놓고, 셋째는 고무통 안에 우윳병 물려 앉혀 놓고 장사를 한다는 것이었다.

그 여성이 온 것은 "이 아이들이 좀 크면 엄마를 찾을 텐데 언제 엄마가 돌아올 것이며, 아이들 아빠가 언제쯤 철이 들 것인가 봐달라"는 것이었다. 너무나 처절한 삶이 아닐 수 없었다.

더 가슴 아픈 일은 사주를 풀이해 보니 희망적인 이야기를 해줄 수 없다는 것이었다. "몇 년 더 고생을 하셔야 한다고 나오는데 며느리 친정부모님을 한번 만나 보시지요" 했더니 "왜 안 만나 봤겠어요? 도통 말이 통하지 않기 때문에…"라며 말을 잇지 못했다.

그 여성은 "운세가 이렇게 나오리라고 예상은 했어요. 내 운명이고 업보라면 받아들여야지요" 하고 형언키 어려운 미소를 지었다.

상담료를 내미는 그분에게 나는 상담료를 도로 주며 "손자들 과자 사주세요"라고 했다. 그분은 한사코 사양했지만 나는 주머니에 있는 돈을 모두 털어 "분유 사세요"라며 억지로 주머니에 찔러 넣었다. "용기 잃지 마십시오"라고 인사하면서….

날씨도 곧 추워질 텐데…. 먹먹한 마음과 쓰라린 가슴을 진정시키는 데 상당한 시간이 필요했다.

퇴원은 했으나 갈 곳이 없는 암환자

상담을 마치고 좀 쉬려는데 철학원 문이 열리며 여성 한 분이 들어왔다. 직업적 습관으로 안색을 살피는데 깜짝 놀라지 않을 수 없었다. 얼굴 전체가 새까맸던 것이다.

"선생님 안녕하세요? 제가 작년에 다녀갔는데 얼굴이 이래서 모르시겠지요?"

다급한 마음에 "얼굴이 왜 그러십니까?" 물으니 "약물중독이래요"라고 대답했다. 자세히 보니 얼굴이 낯익었다.

그녀가 그간의 자초지종을 말했다.

"작년에 선생님께 상담하러 왔을 때 안색이 안 좋다며 건강에 문제가 있을 거라고 병원에 가서 검진 한번 받아 보라고 하셨는데, 돈도 없고 먹고살기 바빠서 대장암이 발병한 줄도 모르고 차일피일 미루다가 치료 시기를 놓치는 바람에 온몸에 전이되어 수술도 못 하고 그냥 퇴원했다"는 것이었다.

퇴원은 했으나 막상 갈 곳이 없어 처녀 때 같이 일했던 언니가 살고 있는 제주도로 가려고 한다면서, 가기 전에 선생님께 인사나 하려고 들렀다고 했다.

약물중독으로 까맣게 된 얼굴은 목 부위부터 조금씩 정상 피부색으로 돌아오고 있었다.

점심을 사드리려고 "몇 시 비행기표를 예매했느냐?"고 물으니 "비행기표 살 돈이 없어 인천으로 가서 배편으로 갈 계획"이란다. 의사는 체력이 떨어질지 모르니 꼭 비행기를 타고 가서 빨리 안정을 취하라고 몇 번이나 말했다고 했다.

같이 점심을 먹은 뒤, 사양하는데도 불구하고 꼭 비행기 타고 가라고 비행기 값을 주머니에 넣어 드렸다.

다음날 비행기 타고 언니집에 잘 도착했다는 전화가 걸려 왔다. 여러 번 고맙다고 인사하는데, 요양을 제대로 할 수 있을지 걱정이 되었다.

씨받이라도 할까요?

며칠 전 중후한 목소리로 예약한 50대 후반의 남성이 예약 시간에 맞춰 방문하였다. 그가 겸연쩍게 웃으며 "선생님, 이런 내용도 상담이 될까요?" 하고 물었다.

같이 미소로 응대하고 다음 말을 기다렸다. 그는 잠시 망설이더니 "속 안의 얘기를 아무에게도 털어놓을 사람이 없어서 몇 번 망설이다 예약했다"고 말했다.

나는 "흰머리로 보아 내가 5~6년은 세상을 더 산 것 같으니 아주 편안하게 세상 얘기 해봅시다. 이 시간 이후 다음 예약자는 없습니다" 라며 그의 마음을 편안하게 해주었다.

그가 털어놓은 사연인즉, 그의 직업은 대학교수로 위로 누나 한 분과 밑으로 남동생 하나가 있는데 할아버지 때부터 재산이 많아 어린 시절부터 아주 풍족한 생활을 했다고 한다. 자신은 물론이고 누나도 잘살고 동생도 변호사로 풍요로운 삶을 누리며 행복하게 살아가고 있다고 했다. 다만 슬하에 자식이 없어 젊어서는 안 그랬는데 나이가 들어감에 따라 문득문득 허무감·공허감 이런 감정들이 밀려올 때면 야릇한 우울감이 일어난다고 했다.

그러던 차에 서울에 살고 계시는 부모님이 얼마 전 재산 증여 문제로 자식들을 불러모아 놓고 "너희들 모두 먹고살 만하니 재산을 아무개(동생의 아들)에게 증여하겠다"고 선포하셨다는 것이다. 부모님에게는 빌딩이 두 채 있는데, 시가로 500억 정도 된다고 했다. 아무도 반론을 제기하지 않고, 본인도 할 말이 없어 아무 말 못하고 집에 왔으나 무언가 말 못 하고 온 것 같아 잠을 이루지 못했다고 했다.

자신이 장남인데 자식이 없다는 이유로 동생네에게 그 많은 재산이 다 넘어가는 상황이 되자 속이 쓰리다고나 할까, 뭐라 표현키 어려운 마음이 우울감으로 작용하여 새벽에 문득 잠이 깨면 다시 잠들기 어렵다는 것이었다.

그 마음을 알 것 같아 무슨 말로 위로를 해야 하나 생각하고 있는데, 그가 불현듯 말했다.

"선생님, 씨받이라도 할까요?"

우리는 둘 다 하하하 같이 웃었다.

그 교수가 모를 리 없겠지만 "인생은 빈손으로 왔다가 빈손으로 간다. 이 세상의 모든 물건은 잠시 빌려 쓰는 것이지 내 것이 어디 있단 말인가. 우리 이 나이가 됐으니 내려놓고 비우며 살자"고 했다.

"그래도 아버지 덕에 대학 졸업하고 유학 가서 박사학위 취득하여 나라의 중추적 역할을 할 대학생들을 양성하는 보람 있는 일을 하고 있지 않는가. 누구보다 훌륭한 삶을 살고 계시니 마음 편히 가지시라"고.

의문의 돌연사

아름다운 여자 손님 한 분이 찾아왔는데, 얼굴엔 어두운 그림자가 짙게 드리워져 있었다.

사연인즉, 3년 전 본인이 서른다섯 살 때 아침에 일어나 아침식사 준비를 하다가 남편이 일어날 시간인데도 안 일어나길래 "여보, 일어나 출근 준비 해야지요" 하고 어깨를 흔들어 깨우다가 소스라치게 놀랐다고 했다. 온몸이 싸늘했던 것이다. 숨도 쉬지 않고, 눈동자에 초점도 없었다. 그야말로 하늘이 무너져 내리는 것 같았다고 했다.

간신히 정신을 차리고 119에 신고하고 시부모에게도 서둘러 연락을 했다. 어젯밤 회사에서 퇴근해 TV 보며 연년생인 아이들이랑 놀아주다 아무 일 없이 잠자리에 들었던 남편에게 이 무슨 날벼락이란 말인가?

마침내 119 의료진이 도착해서 살펴보니 이미 세 시간 전에 사망한 것으로 추정된다고 했다.

시부모님도 곧 도착해서 "도대체 어젯밤 무슨 일이 있었느냐?"고 추궁하듯 물었다. 사실대로 몇 번이고 말씀드렸지만 고개를 가로저었다고 했다. 그도 그럴 것이 남편은 아내보다 두 살 많은 37세인데 운동도 좋아하고 감기 한번 걸리지 않은 건강한 사람이었던 것이다. 하는 수 없이 자신의 결백을 주장하기 위해서라도 병원으로 옮겨 부검을 하기로 했다.

사람이 이렇게 갑자기 죽는 경우 보통 심장마비인데, 부검 결과는 뜻밖에도 심장마비가 아니고 사인을 알 수 없다는 것이었다. 시아버지, 시동생, 시누이들이 몇 번이나 다시 확인해 달라고 했으나 대답은 똑같았다. 하는 수 없이 의문의 장례를 치를 수밖에 없었다.

그 여성은 두 어린 자식 데리고 먹고살기도 힘든데 3년이 지난 지금도 시댁 식구들의 눈초리가 곱지 않다며, 혹시 역학에서라도 답을 찾을 수 있을까 하는 실낱 같은 희망을 가지고 방문했다는 것이었다.

답을 찾을 수 있을지 모르겠지만 일단 남편의 생년월일시와 돌아가신 날짜, 사망 추정 시간을 알려 달라고 했다.

풀이해 보고 깜짝 놀랐다. 이런 운명도 있다니….

사주는 개인 정보이므로 전체를 공개할 수 없어 필요한 부분만 공개한다. 그의 사주는 다음과 같이 구성되어 있었다.

				대운	세운	일진
( )	乙	( )	辛	癸	丁	辛
酉	酉	申	酉	巳	酉	酉

약한 을목乙木이 수많은 금金의 세력으로부터 금극목金剋木을 당하고 있는 형태였다. 나는 그 여성에게 조심스럽게 설명했다.

"명리학 공부를 안 하신 분에게 설명드리기에는 한계가 있으나 목화토금수 오행이라는 것이 있는데 남편은 나무로 태어나셨습니다.

나무는 살아가면서 두 가지 요소가 필요합니다. 나무는 물을 먹고 살기에 물이 필요하고, 땅에 뿌리를 박고 살아야 비바람에 흔들리지 않고 살 수 있기에 흙이 필요합니다. 그런데 남편분은 필요한 오행을 갖추지 못하고 쇠의 연도, 쇠의 월, 쇠의 날, 쇠의 시에 태어나셨어요.

나무는 쇠를 무서워합니다. 나무를 잘라 버리기 때문이지요. 쇠의 세력이 너무 강한 형태로 살아가니 평소에 많이 예민하셨을 겁니다.”

그러자 그 여성이 말했다.

“네, 사소한 일에도 엄청 예민했어요.”

“그런데 돌아가신 날도 쇠가 아주 강한 날이었네요. 한마디로 강한 쇠에 나무가 잘린 격이라고 설명드릴 수 있겠습니다. 이해가 되셨는지요?”

“설명을 잘 해주셔서 이해가 잘 되었습니다.”

“하지만 법적으로 인정을 받을지는 의문입니다.”

“법적인 주장은 상관이 없고, 시부모님을 모시고 올 테니 속이나 좀 시원하게 이와 같은 설명을 한 번만 더 해주십시오. 부탁입니다.”

“네, 명리학에서 나오는 원리이니 모시고 오십시오.”

일주일 후, 예약한 시간에 며느리와 시부모가 같이 왔다. 나의 설명을 듣고 “발전에 발전을 거듭해 온 현대 의학에서는 증명이 어려웠는데 눈에 보이지 않고 손으로 잡을 수도 없는 ‘기운’이라는 것이 사람의 운명을 좌우한다는 것에 신비함을 느꼈다”며, “그것이 아들놈의 운명이라면 받아들여야지요”라고 말했다.

그동안 시부모와 며느리 관계가 서먹서먹했는데 조금은 부드러워져서 돌아간 것 같다.

딸과 놀다 살인자가 된 아빠

오늘은 맞은편 수원구치소의 접견일이다.

점심을 먹고 와서 15분간의 오수(낮잠)를 즐기기 위해 의자를 눕혔다. 누운 지 5분도 안 되어 철학원 문이 열리는 풍경 소리가 들렸다. 일어나 상담실 문을 열어 보니 대기실에 40대 초반으로 보이는 여자분이 있었다.

"어떤 일로 오셨습니까?" 물으니 "남편 면회 왔다가 들렀는데 형량이 얼마나 나올지, 교도소로 이감을 가게 될지 궁금하다"는 것이었다.

사연인즉, 그 여성은 전남편과의 사이에 태어난 다섯 살 딸아이를 데리고 재혼하여 그런대로 행복하게 살았다고 했다.

남편과 딸아이는 사이가 매우 좋았는데, 그날도 여느때와 다름없이 같이 놀이를 했다고 한다. 딸이 남편 손에 든 인형을 뺏으려 하자 "이건 아니야" 하며 가볍게 뿌리쳤는데, 아이가 뒷걸음질치다가 그만 문틀에 부딪쳤다고 했다. 피도 나지 않았는데 호흡곤란이 와서 인공호흡도 하고 119 의료진이 와서 손을 써봤지만 병원으로 이송하는 도중 숨을 거두었다는 것이다.

자신이 옆에서 이 모든 상황을 지켜보았고, 문틀과의 거리가 꽤 멀었는데 어떻게 이런 일이 벌어졌는지 도무지 이해가 안 된다는 것이었다.

소식을 듣고 달려온 아이 친아버지가 고소를 하여 남편이 구치소에 수감되었고, 변호사와 정상참작을 위해 노력하고 있지만 여의치 않으며 심지어 신문·방송에도 보도되었다고 했다.

남편의 사주를 풀이하고 사고가 일어난 달과 날을 살펴보니 모두 괴강魁罡이었다. 즉 일주가 경신庚申, 월에서 경신庚申, 일진에서 경신庚申이었다. 일종의 살내림 현상이다.

살내림이란 아주 작은 힘을 가했는데도 상처가 크게 나거나 그릇이 깨지는 것을 말한다. 도자기 파는 곳에 가서 도자기를 들고 이리 보고 저리 보고 하는데 다른 사람은 모두 괜찮은데 살내림이 있는 사람은 아주 가볍게 만졌는데도 도자기가 깨지는 일이 발생한다. 아이들끼리 장난하다가 가볍게 건드렸는데도 크게 다치는 일을 종종 볼 수 있는데, 이런 현상이 일종의 살내림 현상이다. 따라서 경금庚金 일간들은 조심해야 한다.

과학이나 일반적 논리로 입증할 수 없는 것들을 명리에서는 찾을 수 있다는 설명을 해주고, 사주를 살펴보니 삼형살까지 들어 있어 정상참작이 어려울 것 같다고 말해 줄 수밖에 없었다.

"이런 일들이 모두 법에서는 인정을 못 받는 운명의 장난이란 것인가 봅니다."

나는 이렇게 위로 아닌 위로를 해주었다.

마음이란?

마음은 생각을 낳고
생각은 행동을 낳고
행동은 습관을 낳고
습관은 성격을 낳으니
성격은 마침내 그 사람의 운명을 이룬다.

그렇다면
운명을 낳은 근본은 마음인데
도대체 마음이란 무엇인가?

살피고 또 면밀히 살피면
마음을 알고
스스로 마음을 다스릴 수 있을 때
비로소 모든 것에서 자유스러워지는 것을….

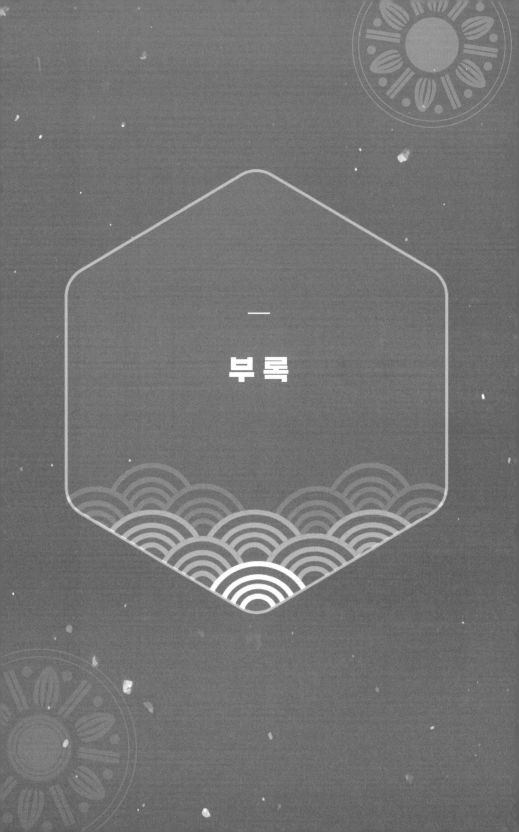

—

부록

궁합법

궁합은 결혼하기 전 남녀 관계를 보는 것이 대표적이지만, 회장과 비서실장 관계, 거래처 사장과의 관계, 부부 관계, 부모와 자식 관계, 형제자매 관계, 친구 관계 등 우리가 살면서 갈등을 해소하고 보다 원만한 관계를 유지하여 발전적이고 화합된 삶을 살기 위한 것이다.

1. 일간 대 일간 : 합슴이 되는 궁합이 최상의 궁합

> **예** 남 일간이 甲, 여 일간이 己일 때는 甲己 합이 되는
> 좋은 궁합이며, 여 일간이 甲, 남 일간이 己
> 이런 반대의 합은 안 좋은 궁합이다.
>
> 결혼을 전제로 하는 남녀 관계의 궁합은 위와 같이
> 풀이하되, 거래처 또는 친구와의 관계 등 상황과
> 관계에 따라 달라질 수 있다.
>
> 일간 대 일간의 관계를 보는 궁합은 정신적·기적·
> 마음적, 즉 흔히 말하는 겉궁합을 말한다. 일간 대 일간
> 을 보고 그 사람의 품성·품격을 읽어 낼 수 있으며,
> 서로의 사고력이나 의기투합 등을 알아볼 수 있다.

다음 생生 관계도 좋은 궁합으로 본다.

관계에 따라서 누가 누구를 생하느냐, 또는 신강 인지 신약인지 판별해 보고, 신강이 신약에게 생을 해주면 좋으나 신약이 신강에게 생을 할 경우 바람 직한 현상이 아니다.

서로 충沖·극剋 관계는 일반적으로 피해야 좋으나 특별한 관계, 상황에서는 적용할 수 있다.

> **예** 선거를 할 때 상대 경쟁 후보에게 충·극을 당하면 좋지 않고, 오히려 내가 하면 좋은 결과가 나온다.

木과 木 : 삐그덕거려서 좋지 않다고 보며
火와 火 : 폭발성이 있어 바람직하지 않고
土와 土 : 대토를 이루기에 좋다고 보며
金과 金 : 쇳소리가 난다고 하여 좋지 않다고 보고
水와 水 : 대해를 이룬다고 하여 좋다고 본다.
위는 보편적이고 일반적인 사항이므로 더 중요한 합·충·생·극 관계 및 세력을 판별해야 한다.

2. 일지 대 일지 : 지지에서도 합合을 이루면 좋다

> **예** 寅亥合(인해합), 申子(신자) 반합 등

합合도 남녀(부부) 관계에서 인해합寅亥合이라면 남자 또는 수水 기운이 강한 사람이 해수亥水가 되는 것이 좋으며, 여자 또는 수水 기운이 약한 사람이 인목寅木 이 된다면 이상적이다. 수생목水生木의 이치 때문이다.

신자申子 반합에서도 금생수金生水의 이치를 적용하면 된다. 생을 받는다고 무조건 좋은 것은 아니기에 신강·신약과 오행 세력을 판별하여 적용해야 한다.

충沖 관계는 대체로 피해야 하나, 남녀 관계에서 오랜 세월 교제했고 꼭 결혼해야 하는 상황이라면 생지충 관계에서는 어느 정도 허용이 가능하되 남자가 이기는 충沖이어야 한다.

즉, 인신충 : 남자가 申(신), 여자가 寅(인)

　　사해충 : 남자가 亥(해), 여자가 巳(사)

지지대 지지는 실질적·현실적임을 의미하는데, 이를 속궁합이라 한다. 속궁합에는 부부 잠자리 궁합도 포함되기 때문이다. 왕지충(子午卯酉)도 피하면 좋으나 불가피한 경우에는 남자가 이기는 충에 한해, 그리고 사주 형태와 각 각 세력이 어떤가 판별하여 가능 여부를 판별한다. 묘지충(辰戌丑未)은 특별한 경우가 아니고는 좋은 궁합으로 볼 수 없다.

지지에서도 나무와 나무는 안 좋으며, 불과 불도 안 좋다. 흙과 흙은 좋고, 쇠와 쇠는 안 좋으며, 물과 물은 좋다.

3. 세력 대 세력 : 부족한 오행의 세력을 서로 보강해 주고 채워 주는지 여부를 판별한다.

4. 용신 대 용신 : 용신이 서로 같으면 서로의 생각이 같아 의기투합이 잘 된다고 본다,

택일법

택일이란 우리가 살아가면서 행사 및 중요한 날을 자신의 기운에 잘 맞는 날로 선택해서 그 행위를 진행하는 것을 말한다.

1. 결혼 택일

결혼이란 인륜지대사人倫之大事라고 일컫는 중요한 행사이다.

1) 결혼 택일은 일반적으로 신부측에서 하는데, 이는 생리 주기를 맞추기 위함이었으나 요즈음에는 약으로 조절할 수 있게 되면서 택일할 수 있는 범위가 넓어졌다.
2) 결혼 연·월·일·시 모두 충·극·파를 피한다.
3) 일간·일지 형태를 보고 택일하되 신부측을 위주로 한다.
4) 천간합·지지합이 좋으나 최소한 연·월·일·시가 신부를 생生해 주는 기운이어야 한다.
5) 인성의 기운을 많이 활용한다.

2. 이사 택일

1) 가족 모두를 보되 세대주를 위주로 본다.

2) 이사하는 날과 시간을 인성의 기운으로 한다.

3) 방향은 일간을 생해 주는 방향이 좋으며, 방향이 맞지 않으면 자신의 승용차로 돌아가기를 권한다.

4) 이삿날 가장 먼저 가져가야 할 이삿짐으로 옛날에는 솥단지 안에 요강을 넣고 가져갔는데, 이는 잘 먹고 배설을 잘하라는 의미를 담고 있다. 그러나 요즈음에는 본인이 소중히 여기는 것을 가지고 가면 된다.

> **예** 사업을 하는 사람은 사업이 잘 되라고 사업자등록증, 공부 하는 사람은 책, 돈 잘 벌라고 예금통장, 건강하라고 약 또는 건강식품, 노트북으로 일하면 노트북 등을 갖고 간다.

5) 택일된 일시에 가지고 간 소중한 물건들을 거실 중앙에 놓고 북쪽을 향해 서서 다음과 같이 기도(염원)하거나(기도는 종교가 없는 사람도 할 수 있다) 의식 행위를 하면 된다.

> **예** "우리 가족이 이제 이 집으로 이사를 왔습니다.
> 가족 모두 건강하고, 화합하고, 화목할 수 있도록 해주시고
> 하고자 하는 모든 일들이 순조롭게 이루어지도록
> 해주십시오."

6) 의식 행위를 하고 난 후 편한 날짜, 편한 시간에 이사짐센터 차를 계약하여 이사한다.

> * 참고 : 손 없는 날(음력 9, 10, 19, 20, 29, 30일), 토요일, 일요일은 이사 비용이 비싸다. 손 없는 날은 무해무득(無害無得)에 해당하니 길일을 택해서 이사하면 좋다.

3. 출산 택일

출산 택일은 한 사람의 인생을 만드는 행위이기에 매우 신중해야
한다.

1) 먼저 알아야 할 사항
- 성별
- 출산예정일
- 담당 의사로부터 받아 온 수술 가능 기간(보통 10~15일 정도, 최소
  7일 이상)
- 아빠, 엄마 생년·월·일·시(사주 분석). 태어나는 아기와 충·극
  관계를 피하기 위해서이다.

2) 년주와 일주를 보고 사업가 사주로 할 것인가, 학문과 지식을
   바탕으로 하는 직업으로 할 것인가를 판단하여 일주와 시주를
   정한다.

3) 태어나는 시간은 산모가 다니는 산부인과의 수술 가능 시간을
   참고한다.
- 09시부터 18시
- 09시부터 21시
- 24시간 수술하는 병원

4) 수술 날짜와 시간은 그 일진이 산모의 건강 부분까지 고려한다.

5) 가능한 한 목화토금수 오행을 골고루 넣어 균형과 조화를
   이루고, 사주의 특징을 찾아 대학 전공은 무엇으로 할 것인가,
   전공 이수 후 직업은 어떤 것으로 할 것인가 판단하여 그 일이
   잘 될 수 있도록 사주를 구성한다.

270

4. 개업 택일

1) 개업주의 사주를 분석하여 인성의 기운과 식상의 기운이 좋은
   날을 택일한다(인성의 기운은 천간으로, 식상의 기운은 지지로 오는 날을
   택한다).

2) 인성과 식상이 충·극·파 되는 날과 시간을 피한다.

5. 여행 택일

인성의 기운과 식상의 기운이 충·극·파 되지 않고, 마음이 안정
되는 날로 택일한다.

인상학

1. 관상의 3가지 조건

1) 시간 : 얼굴이나 손의 혈색과 체온은 정신 상태에 따라 변한다.

너무 피곤하거나 정신적 충격으로 흥분·분노해 있을 때 관상을 보면 안 된다.

과음·과식·신병인 상태에서도 관상을 볼 수 없다.

따라서 숙면을 한 이른 아침 정신이 안정되고 맑을 때 관상에 임한다.

2) 명암 : 밤 또는 어두컴컴한 장소나 날씨가 흐려 제대로 관찰할 수 없을 때 관상을 보면 안 된다.

따라서 맑은 날 이른 아침이 가장 좋다.

여성의 경우, 짙은 화장을 하고 있을 때는 정확한 판단을 할 수 없다.

3) 온도 : 날씨가 너무 추워 얼굴이 새파랗게 변했을 때나 일그러진 상태, 또 너무 더워서 얼굴이 달아오른 경우도 본인의 모습이 아니기 때문에 상을 읽어 내기 곤란하다.

따라서 18~20℃의 실내 기온이 좋다. 적당한 기온과 맑은 날 이른 아침 실내에서 관찰할 때가 가장 좋다. 관상가 역시 안정된 정신 상태를 유지하는 것이 필수요건이다.

2. 관상의 형태

1) 유형의 상

- 얼굴 : 면상面相
- 손 : 수상手相
- 뼈 : 골상骨相
- 몸 : 체상體相

2) 무형의 상

- 마음씨 : 심상心相
- 말　씨 : 언상言相
- 맵　씨 : 태상態相

3. 관상의 3요소

1) 생김새 : 모양
2) 짜임새 : 조화
3) 빛　깔 : 기색

4. 삼정三停

1) 상정 : 이마에서 눈썹까지

초년운, 환경운, 조상운, 상사와의 관계, 정신, 사고, 지식, 이성, 지혜, 기획 등.

2) 중정 : 눈썹부터 코끝까지

중년운, 부부운, 직장운, 사업운, 재운, 교우 관계, 활동, 의지, 감성, 용기, 기개 등.

3) 하정 : 코끝에서(인중) 턱끝까지

말년운, 가정운, 자식운, 부하운, 아랫사람과의 관계, 안정, 친화, 덕목, 협동 등.

5. 관상의 12궁

1) 관록궁 : 입신출세운

이마 전체(특히 한복판)를 보고 판단한다. 이마가 훤하고 넓으며 혈색이 좋고 윤택이 있으며 잘생긴 사람은 반드시 한몫을 할 사람이다.

반면 이마에 잔주름이 없고 세 개의 주름이 뚜렷하며, 직선이거나 약간 끝이 올라간 주름, 또는 이마를 다쳐 흉터가 생기거나 좌우 균형을 잃고 윤택이 없으며 혈색이 나쁠 때면 실각하거나 중도 좌절 또는 법정에 서는 경우가 있다.

2) 복덕궁 : 복이 많고 적음을 뜻하는 운

이마 중앙의 양옆을 보고 판단하는데, 이곳이 굴곡이 없고 흠집 없이 깨끗하고 윤택하면 행실이 착하고 교우 관계가 원만하며 도움을 받고, 복과 덕이 많아 하는 일에 후회가 없다.

3) 상모궁 : 부모궁

윗이마의 왼쪽과 오른쪽을 보고 판단하는데 부모에 관한 운수를 판단하는 기본 자리이다. 왼쪽(여자는 오른쪽)이 부친, 오른쪽(여자는 왼쪽)이 모친을 상징한다. 이곳이 두두룩하고 흠결 없이 깨끗하고 윤택하면 부모덕이 있다

4) 명궁 : 인간의 수명

두 눈썹 사이(미간)를 보고 천명과 직업에 관한 운세를 판단한다. 이곳이 넓고 윤택하며 흠집이 없고 청수하면 건강하고 학문에 통달하며 신망이 있고 장수한다. 반면, 명궁이 좁고 흠집이 있거나 혈색이 안 좋으면 단명하고 빈천하다.

5) 형제궁 : 형제자매의 운

양쪽 눈썹을 보고 판단하며, 눈썹이 청수하고 길면서 가지런하고 끊어짐이 없으며 윤택하면 총명하다. 또한 형제간에 우애가 있고 협동심이 강하며, 형제 모두 장수한다.

그러나 눈썹이 엷고 적으며 짧은 사람은 형제간에 인연이 박하고 협동심이 적으며, 더더욱 눈썹 결이 고르지 못하고 서로 엉겨 있으면 형제간에 다툼이 많다.

* 채 : 길게 난 털로 윤기가 있고 빛나는 사람은 크게 성공
* 점 : 눈썹 속에 있는 작은 점이 있는 사람은 현명하고 고도의 지능을 갖고 있다.

6) 천이궁 : 이동에 관한 운수

두 눈썹 꼬리의 윗부분으로, 이곳이 풍만하게 살이 차 있으면 영화가 가득하고 직장에서의 위치도 안정되어 근심이 없다.

반면 빈약하고 기색이 안 좋으면 이동이 잦고 불안정하며, 직업 변동이 심하다.

7) 전택궁 : 부동산 운수(전답이나 주택, 임야 등)

눈썹 및 눈두덩이를 보고 판단하는데, 이곳이 깨끗하고 넓으면 유산으로 전답이 있을 수 있다. 넓지 않아도 깨끗하고, 들어가지 않고 봉긋하면 마음이 넓고 이상이 높으며 뜻한 바를 이루어 부동산 및 재산을 지니고 안락하게 살 수 있다.

8) 질액궁 : 건강을 보는 궁.

두 눈 사이(산근)를 보고 판단하며(코가 뻗기 시작한 부분), 이곳이 높고 풍만하면서 윤택하면 건강하고 오복을 갖춘 사람으로 장수하고 복덕이 있다.

반면 턱이 낮고 움푹 들어가 있거나 흠집 또는 줄이 있고 콧날이 굽은 사람은 평생 고생이 많고 기를 펴지 못하며 급병에 걸릴 확률이 높다.

9) 자녀궁 : 자녀에 관한 운세

두 눈의 아랫부분(누당)과 코밑의 인중을 보고 판단한다.

이 누당이 평평하면서 살이 차 있으면 자손이 번창하며 복록을 누리고 산다. 또한 혈색이 좋고 살집이 있으며 봉긋한 사람은 자식이 출세하고 효도한다.

또한 인중이 곧고 선명하며 아래로 내려가면서 넓어진 사람은 거의 아들을 낳고 자식복이 많다.

반면 누당에 점이 있거나 옆으로 주름진 사람은 말년에 자식을 잃거나 자식운이 안 좋다.

그리고 이곳이 처져서 쑥 들어간 사람은 부부간 인연이 박하다.

10) 처첩궁 : 부부궁

두 눈 꼬리의 옆 부분(간문)을 보고 판단하는데, 이곳이 혈색이 좋고 윤기가 있으며 흠결 없이 살집이 풍만하면 어질고 순종적인 여성을 맞게 되며 해로할 수 있다. 반면 움푹 패인 사람은 처덕이 없고 재혼할 확률이 높다.

이곳이 거무스름하면 이별, 흰색이 나타나면 사별하는 경우가 많다. 여성의 경우, 검은 점이 있으면 다음多淫의 상이다.

여성의 간문이 불룩 솟아 있으면 남성의 유혹에 약하고 정조 관념이 희박하다.

11) 재백궁 : 재물에 관한 운수

코를 보고 판단하는데, 코가 곧고 단정하며 코끝이 둥글고 봉긋하며 윤기가 있고 콧방울(금박)이 두둑하고 풍만하면 많은 재물을 모으고 산다. 또한 의식주가 안정되고 중년운이 좋다.

그러나 콧등이 바르지 못하고 콧날이 굽었거나 코끝이 뾰족하고 윤기가 없거나 빈약한 들창코는 빈천으로 축재하기 어렵다.

12) 노복궁 : 아랫사람에 대한 덕

노복궁은 부하궁으로 주택과 아랫사람에 대한 복을 보며, 아래 턱으로 입의 밑부분을 보고 판단한다.

턱이 둥글고 풍만하며 흠결 없이 깨끗하면 많은 사람을 거느리고 부하의 보좌를 받아 모든 일이 순조롭게 잘 풀리고 말년에 굉장한 복을 받는다.

반면 아래턱에 주름이 있거나 뼈가 움푹 들어간 사람은 부하를 거느릴 힘도 없고 부하 덕이 없는 사람으로 말년이 고독하다.

6. 관인팔법觀人八法

1) 머리는 하늘에 비유되니 고상하고 원대해야 한다.
2) 발은 땅에 비유되니 모지고 두터워야 한다.
3) 눈은 해와 달에 비유되니 빛나고 밝아야 한다.
4) 음성은 우레에 비유되니 진동하여 울려 퍼져야 한다.
5) 코와 이마는 산악에 비유되니 우뚝해야 한다.
6) 혈맥은 강과 하천에 비유되니 맑고 넉넉해야 한다.
7) 뼈대는 금석에 비유되니 단단해야 한다.
8) 털은 초목에 비유되니 번성하고 빼어나야 한다.

7. 인상과 수명

1) 장수의 상

- 인중이 길고 뚜렷하다.
- 눈의 흰자위와 검은자위가 뚜렷하다.
- 턱이 넓고 튼튼하다.
- 코와 법령이 길다.
- 눈썹과 귀에 긴 털이 나 있다.

- 얼굴의 빛깔이 맑고 윤기가 난다.
- 귀 뒤의 수골이 높다.
- 체격이 전체적으로 균형 잡히고 단단하다.
- 성격이 낙천적이다.

2) 단명의 상

- 인중이 짧다.
- 눈이 너무 크고 촉기가 없다.
- 콧구멍이 너무 크다.
- 입을 늘 벌리고 있다.
- 눈두렁이 좁고 꺼져 있다.
- 얼굴빛이 창백하거나 너무 붉다.
- 목이 너무 가늘다.
- 체격이 전체적으로 균형이 잡히지 않고 부실하다.
- 성격이 조급하다.

성명학

이름은 후천운後天運을 좌우하는 중요한 요소 중 하나이다.

사람은 태어날 때, 이른바 인생의 줄거리를 결정짓는다는 네 가지 기둥, 즉 사주四柱와 용모적 특징인 관상觀相을 선천적으로 지니게 된다.

물론 부모와 가족, 고향(출생지) 또한 환경적 요인으로서 선천적 또는 유전자적 요소가 작용한다.

이런 배경을 바탕으로 아이가 태어나면 부모는 그 아이가 평생을 지니고 살아갈 이름을 지어 줌으로써 세상의 수많은 사람들 속에서 한 개체로서 살아가는 최초의 징검다리 겸 이정표里程標를 놓아 주는 것이다.

좋은 이름을 짓기 위하여 다음 사항을 참고하기 바란다.

1) 부르기 좋고 듣기 좋아야 한다.
2) 성과 이름의 배합이 자연스러워야 한다. 즉 성이 강씨인데 도범이라고 이름을 짓는다면 안 될 것이다. 또한 음陰·양陽의 배합이 이루어져야 한다.
3) 한국인은 한국인 이름답게 짓는 것이 좋다.
4) 사주를 분석하여 선천 운명과 조화를 이루어야 한다.

5) 남자 이름은 무게감(웅장·장엄)이 있어야 한다.

6) 여자 이름은 지적이며 아름답고 여성적 분위기가 있어야 한다.

7) 사주팔자를 분석하여 없거나 부족한 오행五行의 기운을 채워 주고 넘치는 오행의 기운을 설洩하여 균형과 조화가 이루어지도록 한다.

8) 신생아 작명作名 시 대학 전공 및 졸업 후 어떤 직업을 갖고 살아 가야 하는지를 파악하여 그에 맞게 작명한다.

9) 개명할 때에는 현재 어떤 직업을 갖고 있는지, 또는 앞으로 어떤 일을 할 것인지를 분석하여 잘될 수 있도록 짓는다. 그리고 개명 하는 사람의 나이를 고려해 그 시대보다 5~10년 뒤 유행했던 이름으로 짓는다.

10) 학문이나 지식이 바탕이 되는 정신적 직업으로 살아가는 사주 라면 오행의 흐름이 위로(성), 실질적 직업 즉 사업가 사주라면 반대쪽 흐름으로 짓는 것이 좋다.

11) 부모의 사주를 분석하여 신생아와 서로 충·극이 되면 유통을 시켜 준다.

12) 부모·조부모 이름과 글자가 겹치거나 발음 또는 어감이 너무 비슷하면 안 된다.

13) 일가친척이나 가까운 친구들 자녀 이름과 겹치지 않도록 짓는다.

14) 이름 두 글자가 합해서 의미가 나와야 바람직한 이름이다.

15) 너무 특이한 이름은 좋지 않다. 이름이 불릴 때 동물이나 안 좋은 것이 연상되거나, 학교 다닐 때 친구들의 놀림감이 되는 이름은 짓지 않는다.

16) 이름이 너무 큰 이름이고 신약사주이면 이름에 눌리는 삶을 살게 된다.

17) 이름은 성명학 이론에 맞게 잘 지어야 한다. 그렇지 않으면 나중에 원망을 듣거나 욕을 먹을 수 있다.

18) 항렬자를 고집하면 성명학적으로 좋지 않은 이름이 나올 수 있다. 이럴 경우 잘 설득하여 주민등록상으로 불리는 이름과 족보용으로 두 개의 이름을 지어 준다.

19) 대법원에서 명시한 인명용 한자인지 알아본다.

20) 성명학 획수는 일반 획수와 다르다.

21) 부르기 좋고 듣기 좋으며, 이름적 의미가 나와야 좋은 이름이다. 성명학에는 수리오행법, 삼원오행법, 십간오행법, 발음오행법(소리오행법), 부수오행법, 자원오행법, 삼재오행법 등 여러 가지가 있으나 필자는 '발음오행법'의 근거가 명확해서 가장 신뢰할 수 있다고 여기기에 발음오행법으로 예를 들어 보기로 한다.

木 : ㄱ ㅋ   (어금니 소리)
火 : ㄴ ㄷ ㄹ ㅌ   (혀 소리)
土 : ㅇ ㅎ   (목구멍 소리)
金 : ㅅ ㅈ ㅊ   (이(치아) 소리)
水 : ㅁ ㅂ ㅍ   (입술 소리)

金   道   優
      (길 도)   (넉넉할 우)

8   16   17

乙木   丁火   戊土

이름 해석

1) 바른 길을 걸으며 넉넉하고 풍요로운 삶을 살아라.

2) 16획 짝수 음, 17획 홀수 양. 음양의 배합이 이루어졌다.

3) 목생화 화생토 아래로 생生 관계가 이어졌다.

4) 수리격數理格

- 원격元格 : 초년운을 의미하며, 이름 첫 글자와 두 번째 글자 획수의 합이 33획으로 '승천격昇天格'(노룡득운지상 老龍得雲之像, 용이 구름을 타고 오르는 수). 재주와 덕을 겸비하고, 용기와 결단성으로 뜻을 세워 명성이 천하에 알려지는 수이다.

- 형격亨格 : 청년운을 의미하며, 성과 이름 첫 번째 글자 획수의 합이 24획으로 '입신격立身格'(우후개화지상 雨後開花之像, 출세와 축재하는 수). 지모가 뛰어나서 어려운 일도 능히 해결하며, 큰일을 성취해 낸다. 부귀겸전하며 자손이 번창한다.

- 이격利格 : 중년운을 의미하며 성과 이름 두 번째 글자 획수의 합이 25획으로 '안전격安全格'(순풍항해지상 順風航海之像, 재록이 풍부한 수). 능숙한 수완과 안정을 위주로 대업을 성취한다. 자수성가하는 분이 많다.

- 정격貞格 : 말년운과 인생 총운을 의미하며, 성과 이름 두 글자 획수의 합이 41획으로 '대공격大功格'(명진사해지상 名振四海之像, 대업을 이루는 수). 위인이 준수하고 영리하니 선견지명이 있어 만인의 지도자가 된다.

풍수지리

풍수지리란 산세·지세·수세 따위를 판단하고, 이것을 인간의 길흉화복에 연결시켜 설명하는 이론이나 주장을 말한다.

장풍득수藏風得水 : 바람은 막아 주고 물을 얻는 곳

전저후고前底後高 : 앞은 낮고 뒤는 높아야 함

배산임수背山臨水 : 산을 등지고 물을 내려다보는 곳

음택陰宅 : 묘소(산소)

양택陽宅 : 아파트, 전원주택, 별장

실내풍수 : 침대 머리 방향이나 책상 위치 방향, 각종 가구나 가전
　　　　　제품 배치

이기론 : 이론적 부분의 학문

형기론 : 모양, 형태, 형상, 생김새(예 : 모란반개형, 학이 알을 품는 형, 운중
　　　　반월형 등)로 보는 것

풍수는 미학이다(아름다움). 즉 형기론을 우선한다.

1. 음택(묘소)을 보는 방법

1) 용 : 주산(태조산), 소조산, 굽이침, 과협, 탄탄함, 현무

2) 주작 : 앞산 형태(화산, 토산, 금산, 수산), 조응 여부, 눈앞의 사, 귀산 여부

3) 좌청룡 : 외청룡, 내청룡

4) 우백호 : 외백호, 내백호

5) 혈 : 탐토(넓이) 경사도, 전순(묘의 마당)

6) 좌향 : 자좌오향子坐午向, 임좌병향壬坐丙向 등 12운성(절, 태, 양, 생⋯)

　　　　파구(물이 빠져나가는 곳), 국세(목국, 화국, 금국, 수국 등)

　　　　좌선용, 우선용 파악

2. 양택(집)을 보는 방법

음택과 동일하고 동사택·서사택(대문의 방향), 마당과 건물의 비율, 건물 모양, 방향(남향, 동향, 북향, 서향) 등을 본다.

1) 환포형 : 왕이 허리에 두른 옥대

2) 실내풍수 : 침대 머리 방향, 책상 방향, 도배지 색상, 포인트 벽지의 활용도, 목木과 관련된 화분, 수水와 관련된 어항 등 활용도

이상과 같이 기본이 되는 몇 가지 내용을 적어 보았다.

3. 풍수지리 평가표

1) 좌향坐向

2) 전저후고前低後高

3) 장풍득수藏風得水

4) 용龍

5) 현무玄武

6) 주작朱雀

7) 사砂

8) 좌청룡左靑龍

9) 외청룡外靑龍

10) 좌백호左白虎

11) 외백호外白虎

12) 혈처穴處

13) 파구波口

14) 지기地氣

15) 수맥水脈

위의 각 항목에 상·중·하 또는 점수를 부여하여 어느 정도의 길지
인지를 측정해 볼 수 있다.

부적

    사람이 살다 보면 뜻밖의 재앙과 여러 형태의 길흉 운을 맞게 되는데, 이럴 때 좋지 않은 일을 피하기 위해 대비책을 세우고 예방책을 찾게 된다. 흉함은 피하고 길함은 재촉하는 방편으로 사용해 온 것이 바로 부적이다. 부적은 민간 신앙의 일종으로, 문자 형식을 딴 모양을 종이에 그려서 집안에 두거나 몸에 지니고 다닌다.

1. 부적 종이

    흰색 한지를 사용한다. 때로는 계피와 감초를 달여 물을 들인 노란색 종이를 쓰기도 한다. 종이는 손바닥 크기가 적당하다(우주의 운행을 본인의 손바닥 안에 두고 소원하는 방향으로 돌려놓는다는 뜻).

2. 재료

    경면주사鏡面朱砂로 쓴다. 300년 이상 묵은, 높은 벼슬에 있던 사람 무덤의 봉분토와 동쪽으로 뻗은 복숭아나무나 버드나무 가지가 그 재료이다.

3. 제작 날짜

일진의 천간이 갑甲이나 경庚인 날을 택하여 자시子時에 제작한다. 사용한 당사자의 생기, 복덕, 천의일, 천을귀인일, 천덕일, 월덕일에 제작한다.

4. 제작법

1) 부정한 것을 보지 않는다.
2) 부정한 행동을 삼간다.
3) 외간 사람과의 접촉을 피한다.
4) 목욕을 하고 의복을 갈아입은 뒤
5) 은밀한 곳에서 제작한다.
6) 북쪽 하늘을 향해 7번 합장배례한다.
7) 상 위에 청수를 떠놓고
8) 그 위에 복숭아나무 가지를 걸쳐 놓는다.
9) 촛불을 켜고 향을 피운다.
10) 고분토를 접시에 담아 상의 네 귀퉁이에 놓는다.
11) 동쪽을 향해 무릎을 꿇고 앉은 다음
12) 눈을 감고 숨을 세 번 크게 들이마셨다가 내뿜고 치아를 7번 마주친다(세 번 한다는 학설도 있다).
13) 경문을 읽거나 부적 한 장을 입에 물고 정신을 집중해 쓴다.

5. 사용법

제작된 부적은 단정하게 접은 후 붉은 헝겊에 싸서 몸에 지니거나 집안에 붙인다. 그렇지 않고 묻거나 태우기도 한다. 부적의 효험 기간은 삼재 부적의 경우 1년, 그 밖의 부적은 반년이다.

부적은 정신적으로 위로가 될 수 있겠지만, 실효성이 의문시되고 있다.

운명은 우리의 삶에 어떤 영향을 주는가?

운명을 사전에서는 "인간을 포함한 우주의 일체를 지배한다고 생각되는 초인적인 힘"이라고 설명하고 있다.

2022년 10월 29일 이태원 참사
2016년 9월 12일 경주 5.8 규모의 지진
2014년 4월 16일 세월호 참사
2003년 2월 18일 대구 지하철 화재 사건

위에 열거한 사건들은 2000년대 이후 우리나라에서 일어난 대참사들이다. 인간이 도저히 피할 수 없는 운명이라는 에너지의 흐름 속에서 수많은 분들이 사고를 당한 것이다.

예를 한 가지 들어 보자. 2016년 9월 12일 5.8 규모의 경주 대지진이 일어나기 전날인 9월 11일, 다른 곳으로 이사간 가정이 있다고 하자. 이때 뭐라고 할까? "억수로 운이 좋은 사람."

지인의 가족 중에는 2022년 10월 29일 할로윈 축제를 즐기러 이태원에 가기로 약속했다가 갑작스런 사정으로 못 가게 되어 변을 면한 사람도 있다. 이런 경우 한마디로 "운이 좋았다"고 표현할 수밖에 없지 않은가.

운에 작용하는 기氣란 무엇인가?

하나의 힘, 에너지이다. 기氣란 눈으로 볼 수도 없고, 만질 수도 없고, 맛볼 수도 없지만, 분명히 존재한다. TV가 나오고 라디오가 켜지며 와이파이가 터지는 전파의 작용도 일종의 기氣다.

일상생활에서도 기氣라는 말이 많이 사용되고 있다. 기분 좋아, 기분 나빠, 기분이 우울해, 기 살아, 기죽지 마 등의 표현들이 그것이다. 무심코 쓰는 말들이지만, 이처럼 우리는 기운氣運과 연관된 삶을 살고 있는 것이다.

기氣란 인간이 피할 수 없는 에너지의 흐름이지만, 우리는 각자의 기운氣運에 따라 그 에너지를 쓸 수가 있다. 눈에는 보이지 않지만 오관五官으로 느낄 수 있는 이러한 현상들을 공부하여 삶의 긍정적인 에너지로 활용하면 좋을 것이다.

이 책이 세상에 나올 수 있도록 도와준 사랑하는 아내를 비롯한 가족들과 참고문헌의 저자 분들, 편집 및 교정을 도와주신 누리역학 연구회 안병희 회장님과 김은하 총무님께 깊은 감사를 드린다.

유만호

참고문헌

동양사상연구회 고해정 선생님 강의.

양창순, 『명리심리학』 다산북스, 2020.

장하석, 「과학, 철학을 만나다」 강의.

낭월 박주현 외, 『알기 쉬운 음양오행』 동학사, 1997.

KBS 역사저널 〈그날〉.

김동완, 『사주명리학 완전정복』 동학사, 2005.

김태균, 『운명은 머물러 있지 않는다(사주편)』 양림, 2003.

오희규, 『운명』.

백운학, 『복 있는 이름은 어떻게 짓는가?』 좋은글, 1996.

경기대학교(수원) 송길용 교수의 「라경(羅經)과 산지생기(山地生氣)」

사주명리학의 길라잡이
내 운명의 답은
내 안에 있다

초판 1쇄 찍은날 2023년 10월 20일
초판 1쇄 펴낸날 2023년 10월 25일

지은이 유만호

펴낸이 최윤정
펴낸곳 도서출판 나무와숲 | 등록 2001-000095
주 소 서울특별시 송파구 올림픽로 336 910호(방이동, 대우유토피아빌딩)
전 화 02-3474-1114 | 팩스 02-3474-1113 | e-mail : namuwasup@namuwasup.com

ⓒ 유만호 2023

ISBN   978-89-93632-94-1   03180